CONSPIRACIÓN TOTAL

**Todo Está Planeado:
Los Hilos Invisibles Que Manejan
La Granja Humana Desde Su Interior**

La Gran Conspiración Luciferina y La Batalla Final por El
Dominio de La Humanidad

Autor:

**Pluma Arcana
www.OperacionArconte.com**

Edición original en español:
CONSPIRACIÓN TOTAL
PLUMA ARCANA

Contenido

Prólogo

Día a día nuestra realidad parece cada vez más confusa y difícil de discernir, ahora que las verdades que dábamos por sentadas se desmoronan como castillos de arena, es crucial armar el rompecabezas de la existencia humana. A través de mi canal de YouTube, Operación Arconte, he explorado durante años las múltiples conspiraciones que nos rodean, el velo que cubre nuestros ojos y nos mantiene ciegos ante la auténtica naturaleza de nuestra realidad. Y ahora, gracias a la valiente labor de Pluma Arcana, este libro viene a arrojar luz sobre los oscuros secretos que nos mantienen prisioneros en nuestra propia ignorancia.

Vivimos en lo que podríamos llamar una granja humana, un planeta prisión controlado por entidades interdimensionales que trascienden nuestra comprensión. Estos seres superiores, a quienes algunos llaman arcontes, alimentan nuestros miedos, manipulan nuestras percepciones y orquestan los hilos invisibles que mueven los acontecimientos mundiales. Somos como ovejas en un redil, pastoreadas y esquiladas por pastores que nunca vemos, pero cuya presencia podemos sentir en los confines de nuestra existencia.

Pero incluso dentro de esta granja, existen jerarquías y estructuras de poder. Al igual que en una prisión hay líderes de patio y jefes de celda, en nuestro mundo hay élites que buscan obtener ventaja del sistema, colaborando con nuestros carceleros invisibles a cambio de migajas de poder y control. Estas élites, que abarcan gobiernos, corporaciones, instituciones religiosas y más, perpetúan el engaño y nos mantienen en un estado de servidumbre mental y espiritual.

Sin embargo, no debemos engañarnos pensando que esta situación es nueva o única de nuestra época. Como revelan las infames cartas de Albert Pike, un influyente masón del siglo XIX, los acontecimientos mundiales han sido planeados y orquestados durante generaciones, siglos, tal vez milenios. Pike supuestamente detalló los planes para tres guerras mundiales que le darían una nueva forma a la sociedad global, con la tercera desatando fuerzas que llevarían a la humanidad a clamar por un nuevo orden mundial. Mirando el tablero geopolítico de hoy, ¿podemos dudar realmente que estamos viviendo el despliegue de este gran plan?

Como ovejas en esta granja cósmica, se nos ha hecho creer que somos libres, que nuestros pensamientos y acciones son nuestros. Juramos vivir en sociedades libres y democráticas, donde el individuo es soberano. Pero si miramos de cerca, vemos cuán ilusoria es esta libertad. Desde el momento en que nacemos, se nos adiestra para encajar en moldes preestablecidos, para seguir las reglas escritas por aquellos que nos controlan. Nuestras mentes son moldeadas por sistemas educativos diseñados para producirnos conformidad, nuestras opiniones son fabricadas por medios de comunicación que sirven a agendas ocultas, nuestros deseos son manipulados por una cultura de consumo que nos mantiene eternamente hambrientos e insatisfechos.

En cada momento, nuestra libertad es constreñida y dirigida, llevándonos por caminos que sirven a los intereses de nuestros manipuladores invisibles. Como rebaño obediente, marchamos al ritmo de tambores que no podemos oír, hipnotizados por melodías que no podemos entonar. Somos prisioneros que cantan himnos a nuestra libertad, celebrando las cadenas que no podemos ver.

Pero no todo está perdido. Porque incluso en la más oscura de las noches, una sola vela puede disipar las tinieblas. Y ese es el propósito de este libro: ser una luz en la oscuridad, una llamada de clarín para despertar a aquellos que duermen. A través de sus páginas, Pluma Arcana desentraña los hilos de la conspiración cósmica, exponiendo las maquinaciones ocultas que han dado forma a nuestra historia y nuestro destino. Con perspicacia y coraje, traza las conexiones entre acontecimientos aparentemente dispares, revelando el patrón oculto que los une.

Este no es un libro para los débiles de corazón o los cerrados de mente. Desafía nuestras suposiciones más básicas sobre la realidad, arrancando el velo de ilusión que nos ha mantenido ciegos durante tanto tiempo. Nos obliga a confrontar verdades incómodas y a cuestionar todo lo que creíamos saber. Pero en ese cuestionamiento, en esa voluntad de ver más allá de las mentiras que nos han alimentado, yace el camino hacia la auténtica liberación.

Porque el conocimiento es poder, y el poder es la clave para abrir las puertas de nuestra prisión mental. Al comprender las fuerzas que nos controlan, podemos empezar a liberarnos de su dominio. Al ver a través de las ilusiones que nos han impuesto, podemos empezar a vislumbrar la realidad que yace más allá. Y en esa realidad, tal vez, sólo tal vez, podamos encontrar la fuerza para reclamar nuestra auténtica soberanía como seres espirituales.

Cynthia de Salvador Freixedo

Operación Arconte

www.OperacionArconte.com

Introducción

En las páginas que siguen, se presenta un viaje que desafía las concepciones tradicionales del mundo. Este recorrido lleva a través de los intrincados caminos de la historia oculta, revelando las fuerzas invisibles que han moldeado nuestro destino colectivo. Aquí se expone una realidad subyacente, una Conspiración Total, que abarca todos los aspectos de nuestra existencia: desde la política y la economía hasta la cultura y la espiritualidad. Estas fuerzas, operando desde las sombras, han tejido su red de control durante siglos, con el objetivo de mantener a la humanidad en un estado de sumisión perpetua, alimentándose de nuestra energía y potencial no realizado.

A lo largo de este libro, se exploran las múltiples facetas de esta conspiración. Se demuestra cómo las guerras y revoluciones, lejos de ser eventos espontáneos, han sido orquestadas para servir a agendas más profundas. El papel de sociedades secretas, como los masones y los Illuminati, se analiza en el contexto de su influencia en los asuntos mundiales. Además, se examina cómo las crisis económicas y las pandemias globales son utilizadas como herramientas para centralizar aún más el poder.

Los hilos de esta conspiración, aunque a menudo difíciles de discernir, no son invisibles. Con el conocimiento adecuado, es posible ver y comprender estas influencias ocultas. Este libro ofrece herramientas para navegar por este laberinto de engaños y descubrir la realidad subyacente. Se desvelan códigos y símbolos ocultos utilizados por los conspiradores, rastreando su influencia en gobiernos, medios de comunicación y más. A través de documentos clave y testimonios, se reúne la información necesaria para revelar una imagen más amplia.

Este libro es una llamada a la acción en la batalla por la liberación de la humanidad. En un mundo lleno de mentiras, la verdad es nuestro mayor acto de resistencia.

Pluma Arcana

Capítulo 1 – Seis Guerras

Pearl Harbor

El 7 de diciembre de 1941, la armada japonesa lanzó un devastador ataque contra la flota estadounidense en Pearl Harbor, Hawái, hundiendo o dañando gravemente 18 buques de guerra, destruyendo 188 aviones y cobrándose más de 2.000 vidas. Este suceso precipitó la entrada de EE.UU. en la Segunda Guerra Mundial.

El presidente Roosevelt designó la Comisión Roberts para investigar el desastre, exonerando a los funcionarios de Washington y culpando exclusivamente a los comandantes en Hawái: el almirante Husband Kimmel y el general Walter C. Short. Ambos protestaron enérgicamente contra las conclusiones, tildando a la comisión de tribunal irregular.

En los posteriores Tribunal Naval y Junta del Ejército se presentaron pruebas irrefutables de que Washington conocía el ataque, pero ocultó esta información a los comandantes. Los veredictos exoneraron a Kimmel y Short, responsabilizando directamente a Washington, pero la administración Roosevelt los clasificó como confidenciales.

Varios libros intentaron sacar a la luz la verdad, destacando Infamy: Pearl Harbor and Its Aftermath (1982) de John Toland y Day of Deceit (2000) de Robert Stinnett, que demostró con documentos desclasificados que Washington no solo descifraba los mensajes diplomáticos japoneses, sino también los despachos navales.

Además, Roosevelt recibió numerosas advertencias personales sobre el ataque, incluyendo al embajador en Japón, agregados militares estadounidenses y holandeses, un agente doble yugoslavo, un senador y un congresista. Helen E. Hamman, hija del director del Servicio de Guerra de la Cruz Roja, afirmó que Roosevelt informó a su padre del inminente ataque, justificándolo como necesario para que el pueblo aceptase entrar en la guerra.

El Lusitania

En 1915, un submarino alemán hundió el transatlántico británico Lusitania, matando a 128 estadounidenses. Se ocultó que el barco transportaba millones de municiones y que Gran Bretaña, conociendo la ubicación del submarino, lo envió deliberadamente a una zona peligrosa para provocar el incidente y arrastrar a EE.UU. a la Primera Guerra Mundial.

El Maine

En 1898, una explosión hundió el acorazado USS Maine en el puerto de La Habana, provocando la Guerra Hispano-Estadounidense. Aunque España no tenía motivos para el ataque y una investigación no pudo determinar al responsable, la prensa culpó al gobierno español.

El presidente McKinley, en deuda con Rockefeller y la Standard Oil, envió el Maine a Cuba sin notificación. Tras la guerra, financiada con un préstamo del banco de Rockefeller, la industria azucarera cubana pasó a manos de intereses estadounidenses.

La Guerra de Corea

En 1950, Corea del Norte invadió Corea del Sur, iniciando una guerra de tres años. Sin embargo, EE.UU. había puesto indirectamente a los comunistas en el poder en Corea del Norte.

Durante la Segunda Guerra Mundial, Roosevelt pidió a Stalin que rompiese su pacto con Japón y entrase en la guerra del Pacífico, equipando al ejército soviético. Tras la guerra, Stalin entregó las armas japonesas capturadas y el material estadounidense a los comunistas chinos, que derrocaron al gobierno nacionalista.

En Corea, entonces un protectorado japonés, EE.UU. acordó dividirla, dejando el norte bajo control soviético. Stalin estableció un gobierno comunista bajo Kim Il-sung, equipándolo para la invasión de 1950, que podría haberse evitado.

Vietnam

En 1964, el Congreso aprobó la Resolución del Golfo de Tonkin, autorizando la intervención en Vietnam basándose en supuestos ataques norvietnamitas a destructores estadounidenses los días 2 y 4 de agosto.

Sin embargo, el primer ataque fue en realidad durante una operación estadounidense contra Vietnam del Norte, y el segundo nunca ocurrió, según el testimonio del almirante James Stockdale, piloto en la zona. Stockdale no vio barcos enemigos y los oficiales se burlaban de los informes de un ataque imaginario, pero al día siguiente recibieron órdenes de

Washington de lanzar ataques de represalia, gestándose una guerra bajo falsos pretextos. Finalmente se reveló que la resolución se redactó antes del incidente, esperando una excusa para activarla.

Irak

Antes de la invasión de Irak en 2003, el secretario de Estado Colin Powell, el presidente Bush y el primer ministro británico Tony Blair afirmaron que Sadam Husein poseía armas de destrucción masiva que amenazaban la seguridad mundial. Sin embargo, tras la guerra no se encontraron tales armas.

The Sunday Herald reveló que Gran Bretaña dirigió una operación encubierta, la Operación Rockingham, para fabricar pruebas engañosas sobre las armas iraquíes y justificar la guerra, confirmada por Scott Ritter, ex inspector jefe de armamento de la ONU. Ritter equiparó el Comité Conjunto de Inteligencia británico con la Oficina de Planes Especiales del Pentágono, creada para reunir información que demostrase la necesidad de la guerra, y que el ex agente de la CIA Larry Johnson calificó de "peligrosa para la seguridad nacional y una amenaza para la paz mundial".

¿Qué es el patriotismo?

Teddy Roosevelt dijo que el patriotismo significa estar del lado del país, no apoyar al presidente o a cualquier otro cargo público sino en la medida en que él mismo apoye al país. Proclamar que no debe haber críticas al presidente, o que debemos apoyarlo acierte o se equivoque, no solo es antipatriótico y servil, sino moralmente traicionero para con el pueblo estadounidense.

Capítulo 2 - Los Poderes Fácticos

A lo largo de la historia, Estados Unidos ha participado en varios conflictos bélicos, como la guerra hispano-estadounidense (1898), la Primera y Segunda Guerra Mundial (1917 y 1941), la Guerra de Corea (1950), la Guerra de Vietnam (1964) y la Guerra de Irak (2003). Se podría argumentar que en cada uno de estos enfrentamientos, la intervención norteamericana se basó en engaños, justificaciones falsas o pretextos erróneos. Además, el mismo grupo estuvo detrás de la participación de Estados Unidos en todos ellos.

Algunos podrían cuestionar cómo es posible que quienes estuvieron detrás de la Guerra Hispano-Americana también estuvieran involucrados en la guerra de Irak, dado el largo período de tiempo transcurrido. La respuesta es simple: se trata de una organización que ha perdurado a través de varias generaciones, incorporando nuevos miembros a medida que los antiguos van desapareciendo, como sucede con muchas entidades, como el comunismo, los partidos políticos, la Iglesia cristiana o la mafia.

El «Establishment» (El Establecimiento)

Durante la época hippie en los años 70, era común escuchar que el "Establecimiento" controlaba el país. Los hippies se definían como "anti-Establishment", refiriéndose a una élite adinerada y poderosa que gobernaba Estados Unidos.

Aunque esta idea es acertada, se discrepa de los hippies en su caracterización del Establecimiento como conservador, patriótico, anticomunista y mayoritariamente cristiano.

La columnista Edith Kermit Roosevelt, nieta del presidente Theodore Roosevelt, definió el "establishment" como la élite del poder en las finanzas internacionales, los negocios, las profesiones y el gobierno, concentrada en gran parte en el noreste, que ejerce la mayor parte del poder independientemente de quién ocupe la Casa Blanca. Destacó que esta "mafia legítima" influye en las políticas de la nación en casi todos los ámbitos.

El Establecimiento cuenta con dos medios principales para eludir el sistema electoral. Primero, a través de su influencia en los dos grandes partidos y los medios de comunicación, pueden prácticamente predeterminar a los candidatos presidenciales. Un ejemplo es Jimmy Carter, quien pasó de ser un gobernador poco conocido a Presidente electo en solo 9 meses gracias al apoyo de sectores elitistas de los medios de comunicación masiva.

El segundo medio es aún más poderoso: los puentes de influencia con el presidente electo, siendo el más importante el Consejo de Relaciones Exteriores (CFR).

Un solo mundo

El objetivo del Consejo de Relaciones Exteriores es el gobierno mundial. Según el almirante Chester Ward, ex miembro del CFR, el objetivo del Consejo es "la sumersión de la soberanía estadounidense en un todopoderoso gobierno mundial único". La revista Foreign Affairs del CFR ha publicado numerosos artículos promoviendo la erosión de la soberanía nacional y el establecimiento de un gobierno mundial.

El gobierno mundial implica borrar las fronteras nacionales y establecer un solo gobierno que tome autoridad sobre la Tierra. Aunque pueda parecer inverosímil, se está estableciendo progresivamente, siguiendo el modelo de la Unión Europea, donde naciones antaño poderosas se han convertido en poco más que provincias.

Los globalistas justifican el gobierno mundial prometiendo "paz y prosperidad", argumentando que al eliminar las naciones se acabaría la guerra. Sin embargo, estudios demuestran que en el siglo XX murieron seis veces más personas a manos de sus propios gobiernos que en las guerras, lo que plantea el peligro de concentrar todo el poder en un solo régimen mundial.

La Biblia predice que en los últimos días antes del regreso de Jesucristo habrá un dictador mundial satánico conocido como el "Anticristo" o "bestia", que gobernará el mundo. Se sostiene que este gobierno mundial se está organizando ahora, paso a paso, con pocas personas dándose cuenta de ello.

Las raíces del Consejo de Relaciones Exteriores se remontan a la Conferencia de Paz de París de 1919, en la que participó el presidente estadounidense Woodrow Wilson junto a su principal asesor, Edward Mandell House, conocido como testaferro de la comunidad bancaria y "ángel guardián invisible" de la Ley de la Reserva Federal.

Capítulo 3 - El Diablo Como Banquero

En un discurso pronunciado en 1864, Abraham Lincoln advirtió sobre la amenaza que representaban las corporaciones para la seguridad del país. Expresó su preocupación por una era de corrupción en las altas esferas, en la que el poder del dinero se esforzaría por prolongar su reinado trabajando sobre los prejuicios del pueblo hasta que la riqueza se acumulara en manos de unos pocos y la república fuera destruida.

La banca y el control mundial

No debería sorprender que un plan siniestro para el control mundial tenga vínculos con la banca. La Biblia advierte sobre el amor al dinero como la raíz de todos los males y cuestiona si no son los ricos quienes oprimen. Se dice que el dinero mueve al mundo y, humanamente hablando, probablemente no haya nada más influyente que el dinero. Para descubrir quién está detrás de algo, se suele decir "sigue el dinero". Siguiendo este consejo, se puede rastrear quién está detrás del Consejo de Relaciones Exteriores y la campaña por un gobierno mundial.

La inflación y su impacto

Los estadounidenses son conscientes de la inflación que sufren. Desde 1962, los precios de productos y servicios han aumentado significativamente. En los últimos cien años, el poder adquisitivo del dólar ha disminuido más de un 95%. Los medios de comunicación suelen proponer explicaciones que culpan a los trabajadores estadounidenses de la inflación, argumentando que sus demandas salariales generan un efecto dominó en los precios. Se nos dice que la inflación es inevitable, como la muerte y los impuestos.

La Reserva Federal y su influencia

Ben Bernanke y Alan Greenspan han ocupado el cargo de presidente de la Reserva Federal, considerado el zar económico de Estados Unidos debido a su influencia en la fijación de los tipos de interés y, por ende, en la dirección del mercado de valores. Los gestores de fondos de inversión tratan de anticiparse a las decisiones de la Fed.

La Reserva Federal se creó con la aprobación de la Ley de la Reserva Federal en 1913, pero la legislación original fue presentada por el senador Nelson Aldrich, vinculado a la familia Rockefeller. La legislación que Aldrich presentó en el Senado, base del moderno Sistema de la Reserva Federal, fue redactada por varios de los banqueros más ricos de Estados Unidos en una reunión secreta de nueve días celebrada en 1910 en un club privado de la isla de Jekyll.

A la reunión asistieron agentes de las tres mayores casas bancarias del mundo: las de John D. Rockefeller, J. P. Morgan y los Rothschild, que juntos representaban aproximadamente el 25% de la riqueza mundial. Paul Warburg, perteneciente a una importante familia bancaria alemana asociada a los Rothschild, llegó a Estados Unidos en 1901 con la intención de establecer un banco central similar a los que había creado esta dinastía en Europa. The Money Trust, formado por Warburg/Rothschild, Morgan y Rockefeller, junto a sus cómplices de Wall Street, trabajó al unísono para imponer un banco central en Estados Unidos.

Los participantes de la reunión de Jekyll Island diseñaron el banco central de Estados Unidos, creando el nombre de "Sistema de la Reserva Federal" para engañar a los estadounidenses. Aunque "Federal" implicaba control público, en realidad es propiedad de accionistas privados. Los mismos hombres que habían planeado en secreto el banco ahora lo controlaban, sin que el Congreso ni el público tuvieran idea de la reunión de Jekyll Island.

Charles Lindbergh padre, distinguido miembro de la Cámara de Representantes de Estados Unidos, ayudó a liderar la lucha contra la Ley de la Reserva Federal. Advirtió que a partir de entonces las depresiones serían creadas científicamente y que si el trust podía conseguir un periodo de inflación, imaginaba que podría descargar las acciones en la gente a precios altos durante la excitación y luego provocar el pánico para recomprarlas a precios bajos.

El colapso bursátil de 1929

El colapso bursátil de octubre de 1929, conocido como el "Jueves Negro" y el Gran Crash, acabó con millones de pequeños inversores, pero no con el Money Trust. El congresista Louis McFadden afirmó que el crack no fue accidental, sino un suceso cuidadosamente planeado por los banqueros internacionales para provocar una situación de desesperación y emerger como gobernantes de todos. Se utilizaron varias estrategias para precipitar el crack de 1929, como el aumento de los tipos de interés por parte de la Reserva Federal y los préstamos a la vista en 24 horas para comprar acciones. Después del colapso, el Money Trust volvió al mercado, comprando acciones que antes se vendían a 10 dólares por solo 1 dólar, ampliando así su participación en el capital de las empresas estadounidenses.

La creación de dinero de la nada

Otro motivo detrás de la Reserva Federal era crear dinero de la nada. Cuando al gobierno federal le falta dinero para pagar a sus empleados, envía a un funcionario del Tesoro al edificio de la Reserva Federal, donde un funcionario de la Fed extiende un cheque al Tesoro a cambio de bonos del Estado que de otro modo no podrían haberse vendido. Este cheque, sin embargo, no se basa en ningún activo real que la Reserva Federal posea. Es "dinero fiduciario", creado de la nada, lo que técnicamente se conoce como "monetizar la deuda". Warburg y sus cómplices tenían esto resuelto. El dinero fiduciario daba al gobierno la posibilidad de gastar sin límite, beneficiando a las corporaciones ligadas al gobierno que podían obtener ingresos prácticamente ilimitados de los contratos.

El sistema de depósitos bancarios

Además, el mecanismo benefició a los banqueros de otras maneras. El dinero creado de la nada se deposita en los bancos, que pueden prestarlo y obtener beneficios. Según las normas de la Reserva Federal, un banco solo necesita mantener en reserva el 10% de los depósitos, por lo que por cada dólar depositado se pueden prestar nueve. Así, la creación por parte de la Fed de 1.000 millones de dólares de la nada, en realidad fabrica 9.000 millones de dólares en dinero prestable para los bancos. Warburg esencialmente copió el modelo de los Rothschild para diseñar la Reserva Federal. Para los bancos significaba ganancias sin fin, pero para el resto, inflación sin fin, ya que cada vez que la Fed crea dólares de la nada, aumenta la cantidad de dinero en Estados Unidos, disminuyendo su valor.

La deuda pública y los bonos del gobierno

La deuda pública se genera mediante la venta de bonos. La Reserva Federal estaba facultada para comprar y vender bonos del gobierno, y los propios bancos y empresas de inversión del Establecimiento podían ahora comprarlos, amortizándolos a los tipos de interés fijados por sus amigos del Departamento del Tesoro. Así, otro motivo para la Reserva Federal era obtener los intereses de los préstamos al gobierno.

El impuesto sobre la renta

La solución de los banqueros para que Estados Unidos devolviera los intereses de los préstamos fue el impuesto sobre la renta. Aunque ahora es un modo de vida aceptado, no siempre existió. La Constitución original lo excluía y en 1895 el Tribunal Supremo dictaminó que sería inconstitucional. La única forma en que el Money Trust podía establecer el impuesto sobre la renta era legalizándolo a través de una Enmienda Constitucional, presentada en el Congreso por el mismo senador Nelson Aldrich que introdujo la legislación original de la Reserva Federal.

La evasión de impuestos de los superricos

El impuesto sobre la renta es gradual, pero los superricos como el eje Warburg-Rockefeller-Morgan no tenían intención de pagar un impuesto sustancial. Eludían impuestos colocando sus activos en fundaciones libres de impuestos como las de Carnegie y Rockefeller, que estaban operativas cuando se aprobó el impuesto sobre la renta. Aunque se presentan como organizaciones "benéficas", estas fundaciones utilizan sus subvenciones para hacer avanzar la agenda del cártel, financiando al CFR y vertiendo millones en las universidades para motivarlas a enseñar doctrinas "políticamente correctas".

La Primera Guerra Mundial y la deuda nacional

En 1913, los banqueros crearon la Reserva Federal, que les dio el control sobre los tipos de interés y el mercado de valores, y les facultó para crear miles de millones de dólares de la nada que luego prestarían a Estados Unidos. También instauraron el impuesto sobre la renta, que les permitía exigir al gobierno el reembolso de estos préstamos con intereses. Solo faltaba una razón importante para que Estados Unidos pidiera prestado. Seis meses después de la aprobación de la Ley de la Reserva Federal, el asesinato del archiduque Fernando desencadenó la Primera Guerra Mundial. Estados Unidos participó y, como resultado, su deuda nacional pasó de un manejable billón de dólares a 25 billones. Desde entonces, se ha visto inmerso en una deuda desorbitada que oficialmente supera los 15 billones de dólares.

El comunismo y la Reserva Federal

En El Manifiesto Comunista, Karl Marx estableció diez pasos que proclamó necesarios para establecer un estado comunista. El paso 2 era "Un impuesto sobre la renta fuertemente progresivo o graduado" y el paso 5 "Centralización del crédito en manos del Estado, mediante un banco nacional con capital estatal y monopolio exclusivo". Así, en 1913, Estados Unidos promulgó dos de las condiciones de Marx para un Estado totalitario comunista. El impuesto sobre la renta y los bancos centrales no tienen nada que ver con la libre empresa ni con el modo de vida estadounidense.

La Constitución original excluía el impuesto sobre la renta, al que se oponían los Padres Fundadores, y declara que el Congreso tendrá el poder de acuñar moneda y regular su valor, autoridad que la Ley de la Reserva Federal transfirió de los representantes electos a los banqueros privados.

El impacto en los trabajadores estadounidenses

En los Estados Unidos de hoy, muchas parejas jóvenes trabajan duro, comúnmente ambos cónyuges, y aun así apenas pueden pagar el alquiler, a diferencia de generaciones anteriores en las que un solo trabajo bastaba para mantener una familia numerosa. Pero no es culpa de los trabajadores, sino de los impuestos que les quitan alrededor del 50% de su sueldo y de la inflación causada por la Reserva Federal, que hace que el valor del dinero caiga en picado cada año. Los banqueros, conscientes de los problemas que han causado, ofrecen una solución: las tarjetas de crédito, que envían constantemente por correo con intereses de dos dígitos. Así, el cártel bancario crea la inflación y el impuesto sobre la renta, robando los ingresos y obligando a pedir préstamos.

La corrupción en la Reserva Federal

La corrupción en la Fed ha alcanzado nuevos niveles. En 2011, una auditoría limitada realizada por la Oficina de Responsabilidad Gubernamental reveló que, entre 2007 y 2010, la Fed había entregado 16 billones de dólares en ayuda financiera a bancos y corporaciones multinacionales, con principales receptores como Citigroup (2,5 billones) y Morgan Stanley (2,04 billones). Técnicamente eran préstamos, pero se concedieron a interés cero y se ha devuelto muy poco. En resumen, fueron regalos que Ben Bernanke concedió a sus amigos elitistas, sin informar al Congreso ni al pueblo.

Como se señala en algunos trabajos sobre la creación frente a la evolución, el mundo y los seres vivos revelan indicios de diseño, es decir, que no se produjeron por azar como afirman los materialistas. Pero el mal también parece ser resultado del diseño. El deseo de negar la existencia de Dios habría sido el motivo fundamental de la teoría de la evolución de Darwin. Sin embargo, tampoco se quiere que se sepa de la existencia del mal, por lo que los historiadores del Establecimiento descartan la marcha de la historia como accidental, igual que se hizo con el desarrollo de la vida misma.

Capítulo 4 - Una Mafia Tras El Gobierno

Durante la presidencia del republicano William Howard Taft, quien se oponía al plan Aldrich de crear un banco central, los conspiradores se reunieron en Jekyll Island buscando reemplazarlo por alguien más complaciente.

Curtis Dall, yerno de Franklin D. Roosevelt, reveló en su libro cómo Woodrow Wilson se comprometió con el banquero Bernard Baruch a realizar cuatro acciones si ganaba la presidencia: escuchar consejos sobre su gabinete, apoyar la creación de un banco central, respaldar el impuesto sobre la renta y atender recomendaciones en caso de guerra en Europa.

El Money Trust sabía que Wilson, un profesor de Princeton, no podría derrotar al popular Taft. Por ello, apoyaron a Teddy Roosevelt en una candidatura efímera, dividiendo el voto republicano y permitiendo que Wilson ganara con solo el 42% del voto popular.

La carrera de Wilson experimentó un ascenso meteórico, pasando de ser presidente de Princeton en 2010 a presidente de EE.UU. en 2012. Durante su mandato, se aprobaron el impuesto sobre la renta y la Reserva Federal, estalló la Primera Guerra Mundial, y Wilson fue reelegido con el eslogan "Nos mantuvo fuera de la guerra", aunque posteriormente obtuvo del Congreso una declaración de guerra.

Wilson designó a Paul Warburg para encabezar la delegación estadounidense en la Conferencia de Paz de París y lo nombró vicepresidente de la Reserva Federal. Bernard

Baruch fue su principal asesor económico, mientras Edward Mandell House supervisaba al Presidente.

En esta conferencia, Wilson presentó sus "Catorce Puntos", siendo el más importante la creación de la Sociedad de Naciones, un plan para establecer gradualmente un gobierno mundial.

El Tratado de Versalles, que estableció oficialmente la Sociedad de Naciones, fue rechazado por el Senado estadounidense. En respuesta, los banqueros formaron el Council on Foreign Relations (CFR) en 1921, con el objetivo de cambiar la opinión pública hacia la aceptación de un gobierno mundial.

El CFR ha influido significativamente en la política exterior estadounidense a través de publicaciones, vínculos con medios y universidades, y proporcionando personal de alto nivel al gobierno. Numerosos secretarios de Defensa, Tesoro, Estado y directores de la CIA han sido miembros del Consejo.

Entre las políticas creadas por el CFR se encuentran la ONU, el Plan Marshall y los bancos mundiales. La ONU surgió de un grupo de miembros del CFR en el Departamento de Estado. El Plan Marshall fue concebido por un grupo de estudio del CFR, no por el general George Marshall. El Banco Mundial y el FMI fueron planeados por el Grupo Económico y Financiero del CFR, sirviendo como instrumentos de lucro y control para los bancos de Nueva York.

Estos eventos históricos demuestran la influencia significativa del CFR en la política exterior estadounidense y la formación de instituciones internacionales, revelando las profundas conexiones entre la banca y la política que han moldeado el curso de la historia global.

Capítulo 5 - Vietnam

La guerra de Vietnam ha dejado una huella imborrable en Estados Unidos, dando origen a un amplio movimiento de protesta considerado el origen de la posterior "contracultura". Aunque la narrativa oficial, difundida por los medios establecidos, presenta el conflicto como un atolladero militar resultado de un error de cálculo, un análisis más profundo revela una realidad compleja, marcada por maniobras ocultas del Establecimiento estadounidense.

Hasta 1954

Vietnam había sido una colonia francesa. Actas de conferencias secretas revelaron que un acuerdo entre Roosevelt y Stalin en 1943 precipitó la salida de Francia del sudeste asiático, sembrando las semillas de futuros conflictos. Tras la Segunda Guerra Mundial, Estados Unidos dictaminó que Francia debía abandonar Vietnam, apoyando inicialmente a Ho Chi Minh con entrenamiento y armas para combatir a los franceses. En 1954, cuando las tropas francesas estaban acorraladas en Dien Bien Phu, Estados Unidos se negó a intervenir, forzando la retirada francesa.

Después de la división de Vietnam, el objetivo estadounidense fue deponer al emperador Bao Dai, el único capaz de unificar el país. A través de un plebiscito amañado, Ngo Dinh Diem, elegido por el Consejo de Relaciones Exteriores (CFR), se convirtió en presidente de Vietnam del Sur. Mientras tanto, la CIA supervisó el desarme de poderosos grupos anticomunistas en Vietnam.

La guerra se prolongó durante 14 años, en contraste con la rápida victoria en la Segunda Guerra Mundial. Oficiales militares retirados afirmaron que el conflicto podría haberse ganado en semanas o meses si se hubiera llevado directamente al Norte, bloqueando el puerto de Haiphong y la Ruta Ho Chi Minh. Sin embargo, Robert McNamara, Secretario de Defensa y miembro del CFR, prohibió atacar la mayoría de los objetivos estratégicos. Además, las Reglas de Enfrentamiento restringían severamente las acciones de los soldados estadounidenses.

Las primeras tropas

Las primeras tropas de combate llegaron a Vietnam en 1961, siguiendo el consejo de Walt Rostow, del Departamento de Estado, cuyos antecedentes resonaban más con el comunismo que con el anticomunismo. La Resolución del Golfo de Tonkin, que autorizó la intervención, fue redactada prematuramente por William P. Bundy, otro funcionario con vínculos cuestionables.

Después de las elecciones de 1964, el presidente Johnson intensificó repentinamente la guerra a instancias de "los Sabios", un grupo secreto de asesores de alto nivel, en su mayoría miembros del CFR. Su líder, Dean Acheson, tenía una historia de indulgencia hacia el comunismo y promocionó a personas consideradas riesgos para la seguridad.

Los planificadores clave de la política estadounidense durante la guerra eran miembros del CFR, una camarilla cohesionada que impuso restricciones que impedían la victoria. Uno de sus objetivos era provocar un deslizamiento político hacia la izquierda, transformando a los estudiantes en marxistas y revolucionarios. El Establecimiento jugó un doble juego, orquestando la guerra por un lado y financiando la rebelión resultante por otro. El propósito era destruir el patriotismo como requisito previo para absorber a las naciones en un gobierno mundial. Así, la guerra fue la tesis, la revolución la antítesis y el gobierno mundial la síntesis, en términos de la dialéctica hegeliana marxista.

Capítulo 6 - El Plan Actual

En la actualidad, el Establecimiento sigue promoviendo la "paz y prosperidad" mediante acuerdos comerciales internacionales y "la guerra contra el terror". Sin embargo, un análisis más detallado revela las verdaderas implicaciones de estas políticas.

Los recientes tratados comerciales han propiciado la exportación masiva de empleos estadounidenses al extranjero. La adhesión al GATT en 1994 y la eliminación de aranceles permitieron que productos fabricados en países con mano de obra barata inundaran el mercado, obligando a las empresas nacionales a cerrar o trasladarse al extranjero para competir. Como resultado, el déficit comercial se disparó a niveles récord.

Además, la membresía en la Organización Mundial del Comercio ha dejado a Estados Unidos prácticamente sin poder de voto, a merced de naciones hostiles que establecen las reglas comerciales. Mientras tanto, los contribuyentes estadounidenses cubren la mayor parte de los gastos administrativos de la OMC, en lo que los Padres Fundadores habrían considerado "impuestos sin representación".

Estos acuerdos comerciales, lejos de ser iniciativas populares, son orquestados por poderosos intereses. Figuras influyentes del Establecimiento, como Felix Rohatyn del CFR, han utilizado su influencia para presionar al Congreso, incluso manipulando los mercados financieros para lograr sus objetivos. El senador Ernest Hollings, en un discurso ante el Senado, expuso cómo estos grupos poderosos controlan la política comercial en detrimento de los trabajadores estadounidenses.

Más allá de la destrucción de empleos, estos tratados buscan una consolidación política. Así como el Mercado Común evolucionó hacia la Unión Europea, socavando gradualmente la soberanía de las naciones europeas, acuerdos como el TLCAN y la ASPAN apuntan a crear una Unión Norteamericana, un paso hacia un gobierno mundial. Figuras destacadas como Henry Kissinger, David Rockefeller y Andrew Reding han expresado abiertamente estas intenciones.

Paralelamente, la guerra contra el terrorismo ha otorgado al gobierno un poder sin precedentes para inmiscuirse en la vida privada de los ciudadanos. Existe la preocupación de que la definición de "terrorista" pueda expandirse para incluir a disidentes políticos, como sugirió una columnista al comparar al movimiento pro-vida con los atacantes del 11-S.

La conexión entre los acuerdos comerciales y la guerra contra el terrorismo radica en que ambos se utilizan para justificar una mayor integración continental. Figuras del CFR han propuesto ampliar el Departamento de Seguridad Nacional para incluir a México y Canadá, utilizando las preocupaciones de seguridad como catalizador para una unión más profunda. La ASPAN, gestada en el CFR, busca eliminar las fronteras, expedir un documento de identidad norteamericano y sustituir el dólar por una moneda continental, el "Amero", siguiendo el modelo de la Unión Europea.

El objetivo final de estas alianzas regionales no es otro que el gobierno mundial, la tiranía a escala planetaria. Como reconoció incluso el dictador soviético Joseph Stalin, las poblaciones abandonarán más fácilmente sus lealtades nacionales por una vaga lealtad regional antes de someterse a una autoridad mundial. El camino hacia la dominación global pasa por la regionalización progresiva, y es hacia allí donde nos dirigimos inexorablemente.

Capítulo 7 - Medios De Comunicación: La Verdad Y La Mentira

Thomas Jefferson, firme defensor de las libertades, sentía un profundo desprecio por la prensa. En 1807 declaró que nada publicado en los periódicos es confiable, ya que hasta la verdad se vuelve sospechosa al ser transmitida por ese medio contaminado. Solo quienes comparan los hechos que conocen con las mentiras del día comprenden la magnitud de esta desinformación. Jefferson se compadecía de la gran mayoría que, al leer la prensa, vivía y moría creyendo haber conocido algo de lo que ocurre en el mundo. Añadió que quien nunca lee un periódico está mejor informado que quien sí lo hace, pues quien nada sabe está más cerca de la verdad que aquel cuya mente está llena de falsedades y errores.

Alguien podría argumentar que, aunque no se pueda creer todo lo que se lee, la veracidad general de la prensa está garantizada por la diversidad de fuentes informativas. Para noticias diarias se puede leer The New York Times, The Washington Post, The Boston Globe o Los Angeles Times, entre otros. Si se prefiere un formato semanal, están Time, Newsweek o U.S. News & World Report. Y para quienes no gustan de leer, hay noticieros televisivos como NBC, CBS, ABC, CNN, Fox y PBS. Estas fuentes se controlan entre sí, por lo que cuando una noticia es corroborada independientemente por varias, se puede tener certeza de su veracidad.

Durante la Guerra Fría, un comentarista señaló irónicamente que a los soviéticos les lavaban menos el cerebro que a los occidentales. En la URSS, la gente recibía el Pravda y lo desechaba de inmediato, exclamando que era propaganda del partido. Pero en Estados Unidos, la gente leía The New York Times creyendo cada palabra, con la ilusión de tener una prensa libre e imposible de manipular.

Aunque Estados Unidos goza en principio de una prensa libre, se discrepa en que la tenga de facto. Para lograr sus objetivos, el Establecimiento siempre supo que necesitaba controlar los medios de comunicación, los principales moldeadores de la opinión pública. Se han documentado las poderosas interrelaciones del CFR con los medios. Por ahora, nos enfocaremos en The New York Times.

En el siglo XIX, August Belmont (cuyo verdadero apellido era Schoenburg) fue agente financiero de los Rothschild en Estados Unidos. Se dice que ofreció a Abraham Lincoln un préstamo Rothschild para financiar la Guerra de Secesión, con un interés del 27,5%. Según una historia posiblemente apócrifa, Lincoln hizo que literalmente echaran a Belmont de la Casa Blanca.

Pero no todos eran tan exigentes. Más tarde, junto con J.P. Morgan, Belmont ayudó a financiar a Adolph Ochs, quien adquirió The New York Times, entonces un modesto periódico con una tirada de 9.000 ejemplares. Con el respaldo de la banca internacional, Ochs transformó el Times en el periódico más influyente del mundo. El Times se cimentó sobre el dinero, no sobre la integridad periodística. La propiedad pasó de Ochs a su yerno Arthur Hays Sulzberger (1935-61), luego a Orvil Dryfoos (1961-63) y a Arthur Ochs Sulzberger (1963-1992), los tres últimos miembros del CFR.

La línea editorial de The New York Times siempre ha seguido la agenda del Establecimiento. Cuando miembros del Congreso se opusieron al nombramiento de Paul Warburg para la Junta de la Reserva Federal, la página editorial del Times presionó a su favor. Cuando el comunista Fidel Castro intentaba tomar el control de Cuba en 1959, una serie de artículos del periodista del New York Times Herbert L. Matthews -miembro del CFR- convenció a los estadounidenses de que Castro era simplemente el George Washington de Cuba.

Durante la guerra de Vietnam, el Times desmoralizó a la opinión pública publicando una supuesta exposición de los orígenes del conflicto: los Papeles del Pentágono, un estudio filtrado del Departamento de Defensa. Leslie Gelb, quien supervisó el estudio, llegó a ser corresponsal y editor del Times. Sería poco probable que Gelb también expusiera al CFR, ya que fue su presidente durante diez años (1993-2003) y sigue siendo su presidente emérito. Numerosos ejecutivos, editores y periodistas del Times han sido miembros del CFR.

El Times jamás desenmascarará al CFR porque ambos pertenecen a la misma jerarquía. Un panorama similar puede trazarse de los demás principales órganos informativos. La "diversidad" de los medios es ilusoria. La mayoría de los principales medios de comunicación estadounidenses son propiedad de una docena de grandes corporaciones; y éstas, a su vez, tienen directores que se entrelazan a través de la pertenencia al CFR. De este modo, el Establecimiento puede garantizar que el público reciba una visión uniforme.

En plena guerra de Vietnam, el congresista John Rarick declaró que se realizan numerosos intentos de culpar a los militares ante los ojos del pueblo. Pero nadie identifica al

Consejo de Relaciones Exteriores, un grupo que incluye a casi todos los responsables políticos y tomadores de decisiones de alto nivel en la guerra de Vietnam. Rarick cuestionó por qué los medios no le cuentan al pueblo sobre el CFR y dejan que el pueblo decida a quién culpar por el fiasco de Vietnam. También se preguntó quién le dirá la verdad al pueblo si quienes controlan la maquinaria del derecho a saber también controlan el gobierno.

El 5 de junio de 1991, el presidente del Consejo, David Rockefeller, describió ante los Bilderbergers la connivencia entre los medios de comunicación y los responsables políticos. Agradeció al Washington Post, al New York Times, a Time y a otras grandes publicaciones cuyos directores han asistido a sus reuniones y respetado sus promesas de discreción durante casi cuarenta años. Rockefeller afirmó que les habría sido imposible desarrollar su plan para el mundo si hubieran estado sometidos a las intensas luces de la publicidad durante esos años. Pero considera que el mundo ahora es más sofisticado y está preparado para marchar hacia un gobierno mundial que nunca más conocerá la guerra, sino solo la paz y la prosperidad. ¿Qué prometió Rockefeller? Paz y prosperidad.

A través de su control de los medios, el Establecimiento crea una ilusión de "realidad". Lo consigue mediante un mecanismo psicológico denominado "la gran mentira", definida por el Webster's New World Dictionary como una burda falsificación o tergiversación de los hechos, con repetición y embellecimiento constantes para dotarla de credibilidad.

La gran mentira puede ilustrarse de múltiples formas. En un popular programa de televisión de la década de 1960, se colocaron en la acera señales de calle que decían "ZONA DE

RETROCESO". Los actores, haciéndose pasar por transeúntes, se acercaban a las señales y comenzaban a caminar hacia atrás. La cámara seguía entonces a peatones reales que, al ver a los actores caminando hacia atrás por la "zona", hacían lo mismo, sin cuestionarlo. Los resultados demostraron que la gente suele aceptar un absurdo si la mayoría parece creer en él.

La investigación sobre conformidad en las universidades lo ha corroborado. En los famosos experimentos de Asch, se invitaba a una persona a participar en una prueba de percepción visual junto a otros participantes que en realidad eran cómplices del investigador. Se preguntaba a los sujetos cuál de un conjunto de líneas era la más larga. Los cómplices señalaban deliberadamente la línea incorrecta. A menudo, la persona que desconocía el ardid aceptaba que la línea equivocada era la más larga. Cuando posteriormente se les preguntaba por qué habían respondido así, frecuentemente era por temor a lo que los demás pudieran pensar de ellos, pero en ocasiones la persona realmente dudaba de su propio juicio, creyendo que los demás, al ser unánimes, debían tener razón.

Un soldado alemán herido, hospitalizado durante la Segunda Guerra Mundial, relató una anécdota donde un compañero, a falta de otros temas de conversación, les habló de su mascota, un conejo blanco de ojos rojos. Todos sabían que los conejos blancos pueden tener los ojos rojos, pero eso no impidió que otro compañero discutiera vehementemente que ningún animal, conejos incluidos, puede tenerlos. Cuando el dueño del conejo insistió en que tenía razón, todos se pusieron del lado del detractor y durante días reunieron supuestas evidencias científicas, incluso involucrando a compañeros heridos de otras salas, de que el granjero sufría delirios en este asunto. Tardaron una o dos semanas, pero finalmente el pobre hombre admitió sinceramente que se había equivocado. Estos ejemplos destacan que la gente negará la realidad cuando suficientes personas insistan en que algo falso es verdadero.

En 2008, se gastó una broma espectacular al lanzador de los Filis de Filadelfia Kyle Kendrick. A Kendrick le dijeron que había sido traspasado a Japón. Todos participaron en la broma, incluidos los compañeros de equipo, el mánager, el agente de Kendrick e incluso los periodistas deportivos, que sostenían micrófonos ante Kendrick, preguntándole qué opinaba sobre su traslado a Japón.

En un contexto menos humorístico, las sectas emplean el mismo mecanismo, llevando a posibles adeptos a zonas aisladas e inundándoles con ideas que, con la repetición adecuada, se convierten en "verdad".

Los medios de comunicación del Establecimiento operan de manera similar. La coordinación de múltiples medios fabrica un falso consenso sobre los acontecimientos. Como en el experimento de Asch, la gente se convence porque tantas fuentes no pueden estar equivocadas. Y los portavoces gubernamentales -también bajo el control del CFR- confirman lo que dicen los medios. Así se generan las "grandes mentiras" para consumo público.

Las fuentes citadas incluyen a autores, generales, almirantes, oficiales de inteligencia y otros expertos que, a pesar de proceder de diferentes orígenes, naciones y marcos temporales, coinciden en que el Consejo de Relaciones Exteriores establece la política exterior de EE.UU., y que el CFR es solo parte de un esquema internacional más amplio para imponer un gobierno mundial. Es posible que no hayas oído hablar de ninguno de estos hombres - porque están fuera del discurso dominante; nunca mencionados por CNN o el New York Times. Para entender el sistema, hay que salir de él. La CNN y el Times forman parte integral de ese sistema.

Se plantea la pregunta de si se puede confiar en estos hombres, no reconocidos por los "respetables" medios del Establecimiento. Se pide a los lectores cristianos que recuerden que Jesús y sus apóstoles no eran "respetables" según los criterios del mundo.

Se presenta una ilustración donde se supone que el autor vive en una mansión de mármol con columnas, y antes de que la gente pueda verlo, primero tienen que pasar por un mayordomo quisquilloso y una secretaria presumida con acento británico. Algunos saldrían de la mansión impresionados y pensando que deberían prestar atención a lo que ha dicho. Lamentablemente, así es como el mundo juzga a menudo. Pero aunque el dinero compra respetabilidad superficial, tiene muy poca relación con la verdad.

En las ciencias físicas, los hechos son relativamente fáciles de establecer. El agua hierve a 100 grados centígrados: repetidos experimentos lo han demostrado; cualquiera puede comprobarlo. Sin embargo, las verdades históricas son diferentes. Son hechos irrepetibles, que ocurren una sola vez. Los testigos presenciales pueden declarar sobre lo que ocurrió, pero pueden contradecirse entre sí, haciendo declaraciones erróneas, honesta o deliberadamente. Determinar lo que ocurrió en el pasado puede ser muy difícil, como lo demuestra la controversia y las innumerables teorías que aún rodean el asesinato de John F. Kennedy.

Es importante abordar la distinción entre paranoia y maldad. La paranoia existe. Una persona a veces tiene delirios de que otros están tratando de hacerle daño cuando no es así. Pero también existe el mal real, como se ilustra con el ejemplo de un oficinista que lleva una pila de informes por el pasillo y es chocado repetidamente por otro empleado, Joe, quien tira los informes al suelo. Si el oficinista dijera que Joe lo hizo a propósito la primera vez, sería bastante paranoico. Pero si Joe lo hace una segunda y una tercera vez, ya no sería paranoia concluir que Joe actuó intencionadamente.

Thomas Jefferson dijo que actos aislados de tiranía pueden atribuirse al capricho de un día; pero una serie de opresiones, comenzadas en un período distinguido, y perseguidas inalterablemente a través de cada cambio de ministros, prueban claramente un plan sistemático deliberado de reducir a la gente a la esclavitud.

James Forrestal expresó la misma idea al decir que la coherencia nunca ha sido una señal de estupidez. Si los diplomáticos que han manejado mal las relaciones con Rusia fueran simplemente estúpidos, de vez en cuando cometerían un error a favor de Estados Unidos.

El congresista Walter Judd, refiriéndose a la caída de China en el comunismo, hizo una observación similar: según la ley de los promedios, un simple imbécil tomaría de vez en cuando una decisión favorable a Estados Unidos. Cuando un grupo defiende políticas que resultan sistemáticamente ventajosas para los comunistas, no puede ser casualidad.

Forrestal y Judd vieron que el mismo grupo de funcionarios estaba implicado en una decisión tras otra que apoyaba a la Unión Soviética y perjudicaba a Estados Unidos.

Como en el ejemplo de "chocar con Joe" en la oficina, estos individuos no estaban cometiendo errores, estaban actuando deliberadamente.

Así que cuando se observa que Paul Warburg y Benjamin Strong planearon en secreto la Reserva Federal, sin el conocimiento o consentimiento del pueblo o el Congreso, y que estos mismos hombres fueron nombrados para dirigir la Fed, no es "paranoia" conectar los puntos y decir que esto sucedió por diseño, no por coincidencia.

Los fiscales regularmente hacen tales correlaciones para probar casos criminales. Los asesinos rara vez cometen un crimen delante de testigos o mientras son grabados en video, por lo que los fiscales tienen que acumular pruebas circunstanciales de culpabilidad, como demostrar que el acusado poseía el arma del crimen, que sus huellas estaban en ella, que la sangre de la víctima estaba en su ropa, que se le vio abandonar la escena del crimen, que tenía un motivo, etc. Los fiscales no están paranoicos por hacer esto; es esencial para resolver crímenes.

Como se señala en algunos trabajos sobre creación versus evolución, existe un principio llamado "el diseño prueba que hubo un diseñador". Se sabe que el monumento del Monte Rushmore no surgió por casualidad porque está muy bien diseñado. Del mismo modo, policías, fiscales y jueces entienden que los crímenes planeados con arte no pueden descartarse como el resultado de una serie de accidentes.

En la mayoría de los juicios, ninguna de las partes puede demostrar absolutamente que tiene razón. Las conspiraciones criminales son intrínsecamente secretas, y sacarlas a la luz requiere un considerable trabajo detectivesco. Entonces, cabe preguntarse: ¿De qué lado parece estar la verdad? ¿Qué explicación tiene más sentido y es más coherente? Si se desconfía de las ideas presentadas, se agradece al menos considerarlas. Tal vez el patrón de los acontecimientos futuros acabe por confirmarlas.

Capítulo 8 - Destrucción De Las Naciones

Retomando el tema del gobierno mundial, su establecimiento jugó un rol crucial en conflictos como la Primera y Segunda Guerra Mundial, así como la Guerra de Corea, utilizados para validar organismos internacionales. El Consejo de Relaciones Exteriores siempre se ha opuesto a la soberanía nacional, considerando que la destrucción de las naciones es necesaria para formar un gobierno global. Mientras sus publicaciones atacaban intelectualmente a las naciones, las guerras constituían ataques físicos.

La Biblia relata en Génesis cómo tras el Diluvio, los descendientes de Noé se convirtieron en las naciones del mundo. Cuando comenzaron a construir la Torre de Babel, Dios los dispersó en diferentes tierras con distintos idiomas para frenar el mal. La soberanía nacional comenzó con esta dispersión, y el gobierno mundial podría entenderse como el intento de Satanás de revertirla.

Durante siglos, cada país estaba compuesto principalmente por sus nativos, con identidades definidas por lengua, raza y etnia. Recientemente se ha presionado para flexibilizar las leyes migratorias, siendo la inmigración parte del plan globalista. Es más difícil caracterizar a las naciones debido a la inmigración masiva, y un país no unificado por una identidad propia es más fácil de despojar de soberanía. El "multiculturalismo" busca fragmentar las naciones.

Otro método ha sido separar a las naciones de sus colonias, presentando a las potencias coloniales como "opresoras", aunque también construyeron infraestructura. El

Establecimiento desmanteló el colonialismo para debilitar a países como España y Holanda, facilitando su control por la Unión Europea.

Además, el Establecimiento ha cambiado las formas de gobierno, reemplazando las monarquías predominantes desde Cristo por repúblicas, democracias, comunismo, socialismo y fascismo. En el cielo existe una monarquía bajo Dios, y los monarcas terrenales, aunque podían ser malos, seguían este modelo. Satanás tentó a Adán y Eva con la idea de "ser como Dios", y el movimiento del "poder al pueblo" implicaba derrocar a los reyes.

Si no se hubieran eliminado a los reyes, posiblemente no habría problemas como el aborto o la prohibición de la oración en las escuelas. Satanás sabía que con la "democracia", sólo necesitaría el 51% de los votos para desmantelar la cultura cristiana. La soberanía nacional estaba ligada a los reyes, símbolos unificadores de la nación, leales a todo el país.

El Establecimiento satánico ha eliminado a monarcas como el Sha de Irán, los reyes de los Balcanes, Leopoldo de Bélgica, Víctor Manuel de Italia y Bao Dai de Vietnam. Sin sus reyes, los pueblos serían presa fácil. Junto con los reyes, la nobleza también ha sido eliminada en nombre de la igualdad, aunque la igualdad ante Dios no significa que nazcamos con las mismas capacidades o circunstancias.

Satanás tentó a los hombres a derrocar a reyes y nobles para reducir a las naciones a ejércitos de peones, que luego serían gobernados por la élite satánica de Rothschild, Rockefeller, el CFR y Bilderberg.

Capítulo 9 - Revoluciones, Marxismo Y Fusión

Mientras algunas monarquías fueron derrocadas por guerras y otras obligadas a abdicar por presiones diplomáticas en favor de la "democracia", la principal herramienta utilizada para eliminar la realeza ha sido la revolución. El propósito fundamental de toda revolución es derrocar a la autoridad establecida. La Biblia relata que se lideró una rebelión en el cielo, cuando el dragón y sus ángeles combatieron contra Miguel y sus ángeles, pero fueron expulsados (Apocalipsis 12:7-9).

La revolución es propia de la naturaleza del mal, no del bien. Las rebeliones contra los tronos terrenales emulan aquella que hubo contra el trono celestial. Este es un contexto pertinente para interpretar Romanos 13:1-2, que dice que todos deben someterse a las autoridades establecidas por Dios, y quien se opone a ellas recibirá castigo.

Los reyes fueron derrocados principalmente a través de revoluciones. Los libros de historia convencionales presentan la Revolución Francesa como un acontecimiento espontáneo, afirmando que los reyes eran tiranos o incompetentes, causando sufrimiento al pueblo, por lo que las masas reaccionaron y tomaron el poder. Sin embargo, esto es una tergiversación, ya que todas las revoluciones son planificadas, organizadas y financiadas, como ha sido documentado por diversos autores.

La turba francesa que marchó sobre Versalles en 1789 pedía pan, pero sus bolsillos estaban llenos de monedas. La revolución era maligna: un millón de franceses murieron durante el Reinado del Terror; el clero fue masacrado y la Iglesia proscrita. Un documento atribuido al revolucionario Conde de Mirabeau declaraba que se debía derrocar todo orden establecido, suprimir las leyes, anular la autoridad y dejar al pueblo en la anarquía, halagando su vanidad y sembrando ilusiones. También decía que el clero sólo podía ser destruido ridiculizando la religión y representando a sus ministros como monstruos hipócritas.

La misma camarilla ha financiado casi todas las revoluciones, sobre todo la Revolución Rusa. Diversas fuentes, como agentes financieros de los Rothschild y bancos de Nueva York, distribuyeron millones en Rusia para la causa bolchevique.

En 1972, Armand Hammer declaró que EE.UU. avanzaba hacia el socialismo y la URSS hacia el capitalismo, habiendo un punto de encuentro entre ambos. Norman Dodd, investigador del Congreso, relató una conversación con el presidente de la Fundación Ford, quien le dijo que utilizarían su poder para alterar la vida en EE.UU. de modo que pueda ser fusionada con la Unión Soviética.

Esta fusión hizo necesaria una aparente moderación del comunismo, que comenzó en 1989 con las reformas de Gorbachov. Un posible factor en el declive del comunismo fue que las monarquías ya estaban erradicadas. Además, el plan del Fin de los Tiempos es que la gente adore al "Anticristo" como si fuera Dios, no gobernar una cultura puramente secular.

Sin embargo, el ex oficial del KGB Anatoly Golitsyn publicó en 1984 una revelación, prediciendo con asombrosa precisión las reformas soviéticas. Según él, mostrar debilidad incitaría a Occidente a desarmarse hasta que los comunistas lograran una superioridad decisiva. Antes de la glasnost, Golitsyn predijo la liberalización soviética, el ascenso de un líder como Gorbachov y la caída del Muro de Berlín, entre otras 148 predicciones, de las cuales se cumplieron 139 para 1993. Pero los medios ignoraron su libro y aseguraron que las reformas eran genuinas.

Si la URSS realmente se derrumbó, surge la pregunta de por qué no se juzgó a quienes dirigían los gulags y asesinaban para el KGB. Además, en 1985 la Unión Soviética aventajaba militarmente a EE.UU. ¿Por qué cederían cuando eran superiores?

Según Golitsyn, los soviéticos pretendían engañar a Occidente para que se desarmara, lo cual parece haber tenido éxito. Mientras tanto, los rusos han seguido mejorando sus misiles. No se sabe qué papel podría desempeñar Rusia en el Fin de los Tiempos, pero parece poco probable que no sea un factor. Mientras EE.UU. agota su presupuesto de defensa en Oriente Medio, Moscú podría estar avanzando en su capacidad de primer ataque. Junto con la predicción anticipada de Golitsyn sobre la glasnost, la amenaza rusa no puede ser ignorada.

Capítulo 10 - Estructura De Control

En la década de 1950, conocida como la "Edad de Oro de la Televisión", los programas estaban diseñados para ser aptos para toda la familia, sin contenido inapropiado. Esto transmitía valores tradicionales y la gente compraba televisores para que sus hijos aprendieran sobre honestidad, patriotismo y respeto a los padres.

Sin embargo, para 1963, más del 90% de los hogares ya tenía un televisor. A partir de entonces, la programación comenzó a cambiar gradualmente, incluyendo cada vez más contenido para adultos con sexo, violencia, lenguaje soez y propaganda "políticamente correcta".

Aunque se podría pensar que esto se debió a la naturaleza pecaminosa del ser humano que exigía un entretenimiento cada vez más inmoral, en realidad hubo un elemento adicional: un tentador, Satanás. Tal como ocurrió en el Edén con Adán y Eva, alguien conspiró para introducir televisores comenzando con valores tradicionales, para luego cambiar el contenido sin que la gente se diera cuenta del engaño. Esto requiere una astucia que va más allá de un simple ejecutivo de televisión.

El Establecimiento gobierna la administración estadounidense a través del Consejo de Relaciones Exteriores (CFR), pero este no es único. Tiene docenas de homólogos extranjeros en varios países que influyen en sus respectivas políticas exteriores. El Real Instituto de Asuntos Internacionales (RIIA) británico se considera superior a los demás, incluido el CFR.

Los líderes de estas organizaciones coordinan sus políticas a través de conferencias exclusivas como las Bilderberg y la Comisión Trilateral, fundada por David Rockefeller en 1973. Pero existe una jerarquía aún más importante y antigua: los Illuminati, una poderosa sociedad secreta fundada en Baviera en 1776 bajo la dirección de Mayer Amschel Rothschild. Fueron desenmascarados en 1785 pero lograron pasar a la clandestinidad y continuar sus actividades. Adoraban a Lucifer (Satanás).

La visión convencional percibe al mundo con Dios en la cima, seguido por la Iglesia y luego los perdidos. Pero esto no explica por qué los cristianos están perdiendo la guerra cultural. Falta una parte crucial: la iglesia de Satanás, representada por el Establecimiento. Según informes de inteligencia, sus principales líderes adoran en secreto a Satanás, como se evidencia en rituales como los del Bohemian Grove.

La Biblia indica que Satanás tiene gran control sobre el mundo. Lo ejerce a través de una jerarquía, no solo espiritual, sino una cadena de mando terrenal donde cada persona tiene dos subordinados. Los miembros solo conocen a su superior inmediato, ocultando el liderazgo. Satanás ofreció a Jesús todos los reinos del mundo si lo adoraba, sugiriendo que luego se los ofreció a otros que sí cedieron a la tentación.

La estructura exacta de la pirámide es desconocida, pero se sabe que debajo del consejo de 33 está el Comité de los 300, que mantiene siempre ese número de miembros y controla gobiernos, medios, bancos y empresas globales. Algunos estadistas han reconocido públicamente su existencia.

El gobierno mundial se está formando mediante la fusión progresiva de países y empresas cada vez más grandes que destruyen los negocios locales. Aunque el crecimiento y las fusiones son normales en los negocios, hay algo más detrás: Satanás quiere que el dinero fluya hacia su cártel para fortalecerlo.

Muchos cristianos asumen erróneamente que la mayoría de los empresarios comparten sus valores conservadores. Pero se sorprenden por la agenda progresista de grandes corporaciones. Si bien la libre empresa es positiva y coherente con principios bíblicos, llevar esto al extremo de que la empresa privada es intrínsecamente buena sería un error. Sin el control de la moralidad, puede ser tan abusiva como el gobierno.

Satanás sabe que su reino necesita dinero y que la libre empresa puede generarlo. Como autócrata, su estilo es comunista; pero como pragmático, se da cuenta de que necesita el capitalismo. La mayoría de los pequeños empresarios son conservadores con valores tradicionales. Pero las grandes multinacionales están controladas por el Establecimiento, específicamente el Comité de los 300. Cuando adoptan posturas progresistas, no es por presión de grupos liberales, sino por órdenes desde arriba. Aunque los beneficios son importantes, a veces los sacrifican estratégicamente por objetivos políticos.

La industria farmacéutica, al igual que otros sectores empresariales globales, ha estado gobernada durante mucho tiempo por el Establecimiento, no solo los gigantes legales sino también las operaciones ilegales de drogas. Por eso nunca se gana realmente "la guerra contra las drogas".

Capítulo 11 - Masonería

Hemos hablado brevemente de la cúpula jerárquica, pero ¿quiénes están en el nivel más bajo? Son las tropas de choque del cártel, la mayoría de las cuales no sabe para quién trabaja realmente. Entre ellos hay revolucionarios callejeros, activistas ambientales, manifestantes pro-aborto, traficantes de drogas y, en ciertos contextos, masones de bajo rango.

La masonería juega un papel importante en todo esto. Se estima que actualmente hay alrededor de dos millones de masones en Estados Unidos, con logias en cada ciudad y en muchos pueblos. La masonería es una sociedad secreta con rituales, apretones de manos y frases de reconocimiento confidenciales.

Los hombres se unen a la masonería por varias razones, siendo una de las principales el pertenecer a una hermandad. Se espera que los masones se ayuden mutuamente en caso de problemas. Además, la membresía ofrece oportunidades para progresar en los negocios, ya que otros masones pueden favorecer a sus compañeros en transacciones o ascensos.

La masonería tiene una jerarquía de 33 grados. Para ascender al siguiente grado, es necesario participar en un ritual secreto. Los ascensos no son por iniciativa propia, sino por invitación de masones de rango superior.

La gran mayoría de los masones pertenece a los tres grados inferiores (Aprendiz, Compañero y Maestro Masón). Sus actividades en América consisten principalmente en socialización inocente y obras de caridad. Sin embargo, los masones de bajo rango desconocen casi por completo lo que ocurre en los niveles superiores, protegidos por un estricto secreto. Como señaló el ex masón Copin Albancelli, no sospechaba la verdadera naturaleza de la asociación a la que se había unido.

Los masones juran lealtad absoluta y se comprometen a no revelar jamás los secretos de la hermandad. Por ejemplo, el juramento de los masones de primer grado, aunque puede variar ligeramente entre logias, esencialmente dice:

"Si violara mi juramento en lo más mínimo, que me corten la cabeza, me arranquen el corazón, los dientes y las entrañas, y me arrojen al mar; que quemen mi cuerpo y esparzan las cenizas a los vientos para que no quede nada de mí ni de mis pensamientos entre los hombres ni entre mis hermanos masones".

Si un masón de primer grado violara su juramento revelando lo que sabe, probablemente no sufriría consecuencias, ya que no posee información relevante. Sin embargo, este voto establece un patrón. A medida que se asciende en la masonería, los juramentos se vuelven más severos y ejecutables.

Es cuestionable jurar lealtad a algo envuelto en secreto y que no se comprende. Si la masonería fuera simplemente una hermandad filantrópica, no requeriría juramentos tan severos y sangrientos.

La Biblia generalmente asocia el secreto con el mal; en su mayor parte, solo los actos malvados necesitan ser ocultados en la oscuridad. El cristianismo, por el contrario, es muy transparente sobre sus creencias.

En realidad, la masonería ha sido un campo de reclutamiento para los Illuminati durante más de dos siglos.

Los miembros son cuidadosamente seleccionados. En los rangos más bajos, se dice que un masón "debe creer en Dios"; pero algunos de los pocos elegidos que ascienden a niveles altos comienzan a aprender que el Dios de la masonería es Satanás. Por ejemplo, se informa que parte del juramento del grado 19 es: "Guerra a la Cruz de Jesucristo. Adopta el culto de Lucifer de fuego y de carne". En el ritual del grado 30, se pisotea la cruz de Cristo. Si el masón se niega a pisotear la cruz, sus compañeros lo aplauden; se le concede el grado y piensa que ha hecho lo correcto, pero nunca avanza más en la masonería. Por lo tanto, uno de los propósitos de estas ceremonias es eliminar a aquellos que puedan tener escrúpulos a la hora de oponerse a Cristo.

La descripción de los rituales se basa en el testimonio de ex masones. Sin embargo, también hay ex masones sinceros de alto rango que niegan la existencia de estos elementos en los rituales que ellos experimentaron. Para no menospreciar la honestidad de los testigos de ninguna de las partes, se sugiere la posibilidad de que exista más de una variante de masonería, con más de un ritual para un grado concreto. Tal vez algunos masones del grado 33 sirvan, sin saberlo, como inocentes tapaderas de una corriente más oscura de la masonería.

La palabra "asesino" proviene de Hashashin, un culto islámico fundado en el siglo XI por Hassan-I Sabah. Conocido como "El Viejo de la Montaña", comandaba sus despiadadas fuerzas desde una fortaleza montañosa inexpugnable. Era una figura satánica que contaba con tal lealtad entre sus seguidores que, si se lo ordenaban, se degollaban al instante o saltaban por un acantilado.

Para inducir esta lealtad, seleccionaba a jóvenes que consideraba aptos para ser asesinos. Les decía que estaba al mismo nivel que el profeta Mahoma y que podía enviar al paraíso a quien quisiera. Estos jóvenes eran drogados con opio. Al despertar, se encontraban en un valle donde Hassan tenía varios palacios, rodeados de mujeres hermosas y de todos los placeres imaginables. Les decían que aquello era el Paraíso. Después de cuatro o cinco días, los drogaban de nuevo y los sacaban del valle. Al despertar, les decían que podrían volver a este Paraíso para siempre si obedecían todas las órdenes de Hassan, lo cual la mayoría hacía.

Había ciertas similitudes entre los asesinos y los masones: los asesinos tenían una jerarquía de grados, señales secretas y juramentos de obediencia absoluta. Además, al llegar a la cima de la jerarquía de los Asesinos, a sus miembros se les decía que el Corán era mentira, de manera similar a como a algunos masones de alto rango se les dice que la Biblia es falsa. Los Asesinos eran la masonería del Islam, los precursores de los actuales terroristas suicidas chiíes.

La masonería está históricamente conectada con los Asesinos. Durante las primeras Cruzadas, los Caballeros Templarios fueron asignados para proteger a los peregrinos que viajaban a Tierra Santa. Sin embargo, se volvieron cada vez más corruptos y dados al saqueo. En un momento dado, debían luchar contra los Asesinos, pero el Viejo de la Montaña les ofreció enormes cantidades de oro. En lugar de combatirlos, los caballeros pactaron una tregua con los Asesinos, convivieron con ellos y adoptaron muchos de sus rituales. Cuando regresaron a Europa, trajeron consigo estos rituales, que se convirtieron en los inicios ocultos de la masonería.

A finales del siglo XVIII, los Illuminati controlaban la masonería en el continente europeo, como documentaron en su momento Robison, Barruel y otros. Los Illuminati, a su vez, eran dirigidos por Weishaupt, quien respondía a los Rothschild.

Debido a que la masonería goza de secreto legalizado, sus logias han servido históricamente como sede de actividades subversivas. La Revolución Francesa no fue un "levantamiento espontáneo". Fue cuidadosamente organizada a través de las 2.000 logias masónicas de Francia, cada una con un comité revolucionario. Cuando la Asamblea Nacional asumió el gobierno en 1789, muchos de sus miembros eran masones. Bonnet, orador del Convento de la Gran Logia de Oriente de Francia, declaró en 1904:

"Durante el siglo XVIII, la gloriosa línea de los Enciclopedistas encontró en nuestros templos un fervoroso auditorio que, solo en aquella época, invocaba la radiante divisa, aún desconocida por el pueblo, de 'Libertad, Igualdad, Fraternidad'. La semilla revolucionaria germinó rápidamente en aquella selecta compañía. Nuestros ilustres hermanos masones d'Alembert, Diderot, Helvetius, d'Holbach, Voltaire y Condorcet, completaron la evolución de las mentes de los pueblos y prepararon el camino para una nueva era. Y cuando cayó la Bastilla, la masonería tuvo el honor supremo de presentar a la humanidad la carta que había elaborado con esmero...

El 25 de agosto de 1789, la Asamblea Constituyente, de la que más de 300 miembros eran masones, adoptó finalmente, casi palabra por palabra, tal como había sido elaborado durante mucho tiempo en las logias, el texto de la inmortal declaración de los Derechos del Hombre.

En aquella hora decisiva para la civilización, la masonería francesa era la conciencia universal...".

Los masones también estuvieron detrás de la revolución de 1910, que derrocó al rey Manuel de Portugal y suprimió brutalmente la Iglesia católica en ese país. El gobierno revolucionario incluso imprimió nuevos billetes con los símbolos masónicos de la escuadra y el compás. Furnemont, gran orador del Gran Oriente de Bélgica, dijo en 1911:

"¿Se recuerda el profundo sentimiento de orgullo que todos sentimos ante el breve anuncio de la revolución portuguesa?

En pocas horas fue derribado el trono, triunfó el pueblo y se proclamó la república. Para los no iniciados, fue un relámpago en un cielo despejado. Pero nosotros, hermanos, comprendíamos, conocíamos la maravillosa organización de nuestros hermanos portugueses, su celo incesante, su trabajo ininterrumpido. Poseíamos el secreto de aquel glorioso acontecimiento".

La revolución de los "Jóvenes Turcos", que provocó la caída del sultán del Imperio Otomano, fue igualmente un acontecimiento masónico. En 1909, 45 logias turcas formaron el "Gran Oriente Otomano". La revista masónica francesa Acacia explicó:

"Se fundó un Comité secreto de Jóvenes Turcos, y todo el movimiento se dirigió desde Salónica, ya que la ciudad que tiene el mayor porcentaje de población judía de Europa - 70.000 judíos de una población total de 110.000- estaba especialmente cualificada para este propósito. Además, en Salónica había muchas logias francmasónicas en las que los revolucionarios podían trabajar sin ser molestados. Estas logias estaban bajo la protección de la diplomacia europea, el sultán estaba indefenso ante ellas y ya no podía evitar su propia caída".

Los masones fueron la columna vertebral de otras revoluciones europeas, como las insurrecciones italianas de Mazzini y Garibaldi. León Trotsky era masón del grado 33. Lenin, su compañero en la dirección de la Revolución Rusa, pertenecía a una logia suiza.

Los libros de historia presentan el asesinato del archiduque Fernando en 1914 -desencadenante inmediato de la Primera Guerra Mundial- como un acto de nacionalismo serbio. Sin embargo, el juicio de los conspiradores demostró que varios eran masones y que un edicto masónico había condenado a muerte al archiduque. Uno de los asesinos, Nedeljko Cabrinovic, de 19 años, lo explicó sin rodeos: "En la masonería está permitido matar". Una de las razones por las que los francmasones son revolucionarios tan fiables es que sus juramentos les obligan a obedecer las órdenes de forma absoluta e incondicional.

Es importante notar que muchos observadores han señalado una distinción entre la masonería del rito escocés, practicada en Inglaterra y Norteamérica, y la masonería del Gran Oriente, observada en el continente europeo. Consideran que la primera es relativamente benigna, mientras que la segunda tiene un largo historial de actividad subversiva. Es obvio que la inmensa mayoría de los masones estadounidenses no están implicados en ninguna actividad siniestra.

Sin embargo, una razón por la que la masonería americana no está ahora involucrada en una revolución violenta es que la revolución en Estados Unidos terminó hace más de 200 años. No existe una monarquía que derrocar. Y aunque la mayoría de los masones, que nunca pasan del tercer grado, son sin duda buenas personas, algunos de alto rango han contribuido a la conversión gradual de la República en un sistema socialista. Algunos masones de rangos inferiores pueden resultar herramientas involuntarias en este proceso; sus votos de obediencia pueden hacerles útiles en la realización de tareas subordinadas.

La Corte Suprema, al erosionar la libertad religiosa en los últimos sesenta años, ha estado dominada por masones como Hugo Black, William O. Douglas, Earl Warren, Potter Stewart y Thurgood Marshall. Estos hombres socavaron la Constitución de los Estados Unidos. Sus controvertidas decisiones podrían entenderse no como inocentes "malas interpretaciones" de la Constitución, sino como el cumplimiento de órdenes recibidas en privado. La violación de estas órdenes podría haber dado lugar a su propia destrucción, mientras que la violación de la Constitución solo dio lugar a algunas críticas verbales de los conservadores y cristianos, que de todos modos fueron ahogadas por los vítores de los medios de comunicación del Establecimiento.

El arquitecto de la Reserva Federal, Paul Warburg, era masón de grado 33, al igual que sus lugartenientes Edward Mandell House y Nelson Aldrich. Al menos 14 presidentes han sido masones, así como innumerables senadores y congresistas. Los listados pueden consultarse en Internet.

El Gran Sello de los Estados Unidos no apareció en el billete de un dólar hasta 1935, cuando Franklin D. Roosevelt, masón de grado 33, ordenó modificar la moneda para incluirlo. El sello está cargado de imágenes masónicas.

A la izquierda hay una pirámide, un símbolo masónico, no americano. Encima de la pirámide está el ojo que todo lo ve, un emblema masónico universal. Según se dice, refleja la promesa de Satanás a Adán y Eva de abrirles los ojos para que fueran como Dios. La inscripción "Annuit Coeptis Novus Ordo Seclorum" significa "Anuncio del nacimiento de un nuevo orden de los siglos", que la pirámide representa: el orden mundial de Satanás. La pirámide está inacabada. Cuando esté terminada, conectada al ojo de Satanás, reinará.

Estados Unidos es grande en muchos aspectos. La Declaración de Derechos, anexa a la Constitución, es una importante barrera contra el dominio del Anticristo. Sin embargo, para afirmar el papel masónico en la Revolución Americana, se puede visitar el Museo de nuestra Herencia Nacional (Lexington, Massachusetts), dirigido por los masones. Los Hijos de la Libertad, que protagonizaron el famoso "Motín del Té de Boston" en 1773, eran en su mayoría miembros de la misma logia masónica que se reunía en la taberna del Dragón Verde. El masón Paul Revere, que incitó a la ciudadanía contra Gran Bretaña, llegó a ser Gran Maestro de la Gran Logia de Massachusetts. Muchos otros masones ayudaron a liderar la Revolución, entre ellos Benjamin Franklin, John Hancock, Ethan Allen y -quizá con menos celo por la hermandad que otros- George Washington. En muchos aspectos, es razonable calificar de masónica a la revolución.

Capítulo 12 - Ecologismo

En 1967, se publicó el Informe de Iron Mountain, presuntamente filtrado de un estudio privado encargado por el gobierno de Estados Unidos. El documento contenía recomendaciones propias de una distopía orwelliana, algunas de las cuales parecen estar materializándose en el presente. A pesar de que la prensa oficial calificó el informe como un fraude y de que cinco años después Leonard C. Lewin afirmó haberlo escrito como una sátira de los think tanks gubernamentales, su autenticidad continúa siendo tema de debate.

El economista John Kenneth Galbraith, escribiendo bajo seudónimo en el Washington Post Book World, aseguró que había sido invitado a participar en el estudio, pero que declinó debido a otros compromisos. Declaró que pondría su reputación personal en juego respaldando la autenticidad del documento. Si realmente se trataba de una "sátira", como alegaba Lewin, resultaba curiosamente desprovista de humor. Muchos se cuestionan si la acusación de "fraude" no fue más que una estrategia para controlar los daños.

El estudio analizaba principalmente las implicaciones de una transición mundial del sistema bélico, que las armas nucleares habían vuelto inviable, hacia el desarme. El informe enumeraba diversas ventajas de la guerra, entre ellas la lealtad de los ciudadanos hacia su gobierno. Señalaba que, si las guerras desaparecieran, se necesitaría un nuevo "enemigo" para inducir la lealtad. Entre las soluciones propuestas figuraban las amenazas al medio ambiente.

Tras la publicación del informe, surgieron numerosos temores medioambientales: el calentamiento global, la lluvia ácida, la superpoblación, el agotamiento de la capa de ozono, los residuos tóxicos, la deforestación, las especies en peligro de extinción, etc. Las fundaciones del Establecimiento comenzaron a invertir miles de millones de dólares en grupos ecologistas. En la juventud, los anuncios de empleo de organizaciones ecologistas ofrecían excelentes salarios sin requerir experiencia, lo que sugería un respaldo del Establecimiento.

Los verdaderos objetivos del ecologismo incluyen la preocupación obsesiva del Comité de los 300 por preservar los recursos naturales que creen necesitar para su reinado durante el gobierno mundial. Además, el Club de Roma abogó por la desindustrialización de Estados Unidos, argumentando que estaba "sobredesarrollado", consumía demasiados recursos y contaminaba en exceso. En realidad, temían que fuera demasiado fuerte para que un gobierno mundial pudiera contenerlo. Los grupos ecologistas, generosamente financiados, intentan paralizar la industria estadounidense.

Sin embargo, quizá la razón más importante del ecologismo sea proporcionar a los gobiernos una excusa para regular a los individuos. El principal "peligro" medioambiental mencionado actualmente es el calentamiento global, supuestamente causado por el dióxido de carbono producido por el hombre. Muchos científicos han refutado su existencia y las estadísticas utilizadas para demostrarlo han sido falsificadas. Sin embargo, los verdes insisten en el "hecho" del calentamiento global y quieren que el gobierno imponga sanciones basadas en la "huella de carbono" de cada persona.

Al oponerse a todas las formas efectivas de desarrollo energético, los verdes están creando una escasez artificial de energía, aumentando su coste y proporcionando una excusa para que el gobierno regule minuciosamente cada hogar. El calentamiento global también se utiliza como justificación para un gobierno mundial. El principal instrumento de dictadura medioambiental de la ONU es la Agenda 21, que se está aplicando hasta el nivel de las administraciones locales en Estados Unidos.

Capítulo 13 - Sionismo

Los Rothschild han sido durante mucho tiempo la fuerza financiera dominante del Establecimiento, apoyando tres objetivos principales: el gobierno mundial (a través de la Liga de Naciones y la ONU), la revolución (financiando a Lenin y Trotsky, por ejemplo) y el sionismo, el movimiento para establecer el moderno estado de Israel. ¿Cuál es la razón detrás de este último objetivo?

Aunque se le conoce como la "estrella de David", este símbolo no tiene base bíblica. Si Israel lo hubiera deseado, podría haber utilizado una imagen judía más familiar, como la menorá. Según Wikipedia en 2008, el uso de la estrella de David comenzó en la Edad Media y se desconocen sus orígenes exactos.

Satanás busca falsificar las cosas de Dios. La Biblia indica que el Anticristo realizará señales similares a las de Cristo. También menciona que gobernará durante tres años y medio, el mismo tiempo atribuido al ministerio terrenal de Jesús. El cristianismo enseña la doctrina de la Trinidad: Padre, Hijo y Espíritu Santo. La relación de Satanás con el Anticristo y el falso profeta ha sido denominada una trinidad impía.

Se podría sugerir que el moderno estado de Israel no es el renacimiento del Israel bíblico, sino una falsificación satánica. Esto se plantea en un contexto político, sin negar la fe sincera de muchos judíos que viven en Israel.

¿Cómo se originó ese Estado? Israel recibió la tierra de los británicos, pero ¿cómo la adquirieron estos últimos? Históricamente, Gran Bretaña nunca había tenido intereses en Palestina.

En 1916, cuando Gran Bretaña enfrentaba una probable derrota en la Primera Guerra Mundial, destacados sionistas insinuaron que podrían lograr que Estados Unidos entrara en la guerra a cambio de que Gran Bretaña asegurara una patria nacional judía en Palestina. El gobierno británico accedió, dando lugar a la Declaración Balfour.

Samuel Landman, secretario de la Organización Sionista Mundial, escribió que la única forma de inducir al Presidente estadounidense a entrar en la guerra era asegurar la cooperación de los judíos sionistas prometiéndoles Palestina, y así movilizar las poderosas fuerzas de los judíos sionistas en Estados Unidos a favor de los Aliados.

La Declaración Balfour, firmada por Arthur Balfour pero redactada tras consultas entre sionistas y el gobierno, fue entregada a Walter Rothschild, un banquero privado. Comprometía a los británicos a "hacer todo lo posible" para fundar una patria judía en Palestina, aunque no tenían ninguna posición ni autoridad allí.

Durante la Primera Guerra Mundial, con el pretexto de que el Imperio Otomano era aliado de Alemania, los británicos invadieron Palestina. La famosa película Lawrence de Arabia retrató a T. E. Lawrence dirigiendo a los árabes contra los turcos. A los árabes se les prometió Palestina a cambio de ayudar a derrotar al Imperio Otomano, sin saber que, a sus espaldas, la Declaración Balfour prometería en secreto la tierra a los judíos.

Una razón del odio árabe hacia Israel es que ellos lucharon por Palestina pero, debido a acuerdos incumplidos, gran parte se entregó a los judíos, pocos de los cuales participaron en el combate. T. E. Lawrence, disgustado por la traición, rechazó sus medallas de guerra.

Incluso antes de la Declaración Balfour, los Rothschild compraban tierras palestinas para asentamientos judíos. James de Rothschild gastó unos 50 millones de dólares; Israel le honra con su retrato en el billete de 500 shekels.

Jerry Golden publicó una foto aérea del edificio del Tribunal Supremo israelí, construido por los Rothschild, que muestra una pirámide masónica en su tejado. Al entrar, se camina sobre una cruz invertida, la tradición masónica de pisotear la cruz. Una pintura muestra a Lord Rothschild y líderes israelíes examinando el modelo del edificio.

¿Cuál es el verdadero propósito del sionismo? La respuesta podría estar en la descripción bíblica del Anticristo. Jesús dijo que el Fin de los Tiempos ocurriría cuando se vea "la abominación desoladora" en el lugar santo. 2 Tesalonicenses dice que el hombre de pecado se opondrá y exaltará sobre todo lo que se llama Dios, erigiendo en el templo y proclamándose a sí mismo Dios.

Se podría sugerir que el sionismo no es piadoso ni bíblico; su objetivo sería establecer el gobierno de Satanás en Jerusalén. El Israel moderno sería una falsificación. Satanás quiere gobernar el mundo y hacerlo desde un trono en Jerusalén.

Jerusalén es la ciudad más sagrada de la Biblia: el centro del antiguo Israel, donde Salomón construyó el templo y Jesús fue crucificado. Satanás querría reinar desde un templo reconstruido, burlándose de Dios.

Christian Aid, una importante organización cristiana de caridad y misiones, ha expresado su preocupación por el apoyo evangélico al sionismo. Según su fundador Bob Finley, desde que Israel proclamó su existencia en 1948 han ocurrido muchos eventos devastadores para decenas de miles de cristianos evangélicos en países islámicos.

El apoyo cristiano al sionismo comenzó en Inglaterra hace un siglo, cuando algunos maestros de la Biblia empezaron a interpretar ciertas profecías sobre los antiguos hebreos como aplicables a los judíos actuales. Al parecer, no sabían que la mayoría de los judíos asquenazíes proceden originalmente del imperio de Khazaria en el sur de Rusia, y no están biológicamente emparentados con Abraham.

Desde 1940, los sionistas han matado, expulsado o desplazado a más de dos millones de palestinos, robándoles sus tierras, casas, negocios y bienes. Cientos de miles huyeron a campos de refugiados. Pero algunos cristianos vitoreaban a los sionistas proclamando que sus atrocidades estaban bendecidas por Dios.

Para los palestinos, lo que los sionistas han estado haciendo equivale a lo que los nazis hicieron a los judíos. ¿Cómo pueden los cristianos respaldar tales cosas? Nuestras irreflexivas expresiones de aprobación han sido destructivas de tres maneras:

1. Cuando los estadounidenses hablan favorablemente sobre la agresión sionista, provocan la persecución de nuestros hermanos cristianos en países islámicos. Se sospecha que respaldan lo que dicen los estadounidenses, aunque no lo hagan. ¿Cómo no esperar represalias?

2. Hace cincuenta años millones de musulmanes estaban abiertos al evangelio. Había una gran oportunidad misionera para alcanzarlos para Cristo. Pero el apoyo cristiano a las conquistas sionistas los ha apartado. Para un musulmán convertirse en cristiano hoy equivaldría a respaldar atrocidades contra víctimas inocentes. Nuestra oportunidad misionera se ha arruinado.

3. Hasta hace 50 años la mayoría de los cristianos creían que la venida del Salvador traía un Nuevo Pacto bajo el cual ya no se recurría a la violencia para hacer avanzar el reino de Dios. Pero cuando comenzó el sionismo, algunos ignoraron los principios del Nuevo Testamento. Palestinos, incluyendo cristianos, fueron expulsados y robados. Pero muchos cristianos se han mantenido al margen y han vitoreado a los agresores.

Solo se discrepa con Finley cuando dice que los evangélicos han "avalado las atrocidades sionistas". Se podría decir que respaldaron el sionismo sin conocimiento consciente de las atrocidades, que los medios estadounidenses suprimieron.

Según el escritor judío Arthur Koestler, en su libro "La decimotercera tribu", la gran mayoría de los que ahora se llaman judíos descienden de Khazaria, no de los antiguos hebreos.

Khazaria era un reino al norte de los mares Negro y Caspio. Los jázaros eran paganos, pero en el año 740 d.C. el kagan (gobernante) convirtió a toda la nación al judaísmo. No fueron conversiones personales, sino que el judaísmo se hizo la religión del Estado.

Según Koestler, a principios del siglo VIII el mundo estaba polarizado entre el Cristianismo y el Islam. El Imperio Jázaro era una Tercera Fuerza, pero solo podía mantener su independencia si no aceptaba ni el cristianismo ni el islam, ya que cualquiera de las dos opciones lo habría subordinado al emperador romano o al califa. Al mismo tiempo, sus contactos con Bizancio y el Califato les enseñaron que su chamanismo primitivo no solo era bárbaro sino incapaz de conferir a los líderes la autoridad espiritual y legal de los líderes teocráticos. ¿Qué podría haber sido más lógico que abrazar un tercer credo, que no estaba comprometido con ninguno de los dos, pero que representaba el venerable fundamento de ambos?

Según un relato, el rey jázaro recibió enviados cristianos y musulmanes. Preguntó a cada uno cuál de las otras religiones estaba más cerca de la verdad, y ambos respondieron: "los judíos".

Aunque los detalles son imprecisos, es indiscutible que Khazaria se convirtió al judaísmo. Se trajeron rabinos del extranjero para enseñar al pueblo. Varios judíos que huían de persecución emigraron al reino.

¿Qué fue de Khazaria? A lo largo de los siglos, el imperio se fue desmoronando debido a invasiones, culminando con el ataque mongol en el siglo XII. Los jázaros, que seguían llamándose judíos, huyeron hacia el oeste y se asentaron en Europa del Este, especialmente en Polonia, convirtiéndose en la mayoría de los judíos europeos modernos. Hablaban yiddish y se identificaron étnicamente como judíos asquenazíes. De piel clara, contrastan con los sefardíes, una minoría entre los judíos de hoy. Los sefardíes, considerados los verdaderos descendientes de los israelitas, tienen la piel más oscura y se parecen más a los árabes, como cabría esperar ya que tanto judíos como árabes tienen a Abraham como antepasado.

Algunos estudios genéticos han validado esta distinción. Por ejemplo, en 2003 el New York Times informó que un equipo de genetistas halló una firma genética inusual en más de la mitad de los levitas asquenazíes. Se cree que se originó en Asia Central, no en Oriente Próximo. La firma aparece en el cromosoma Y y procede de unos pocos hombres, o quizá uno solo, que vivieron hace unos 1.000 años, cuando los asquenazíes empezaban a establecerse en Europa.

Sin embargo, hay estudios que sugieren que los asquenazíes remontan su ascendencia a Oriente Próximo. Tal vez un factor en los resultados contradictorios es que hubo cierta mezcla genética entre judíos y jázaros.

Nadie que se llame judío debería dudar de si es un "verdadero judío". Probar o refutar el antiguo linaje de alguien sería difícil. Pero la confluencia de Khazaria y el sionismo puede tener importantes implicaciones históricas y bíblicas. El libro del Apocalipsis habla de "los que se dicen judíos y no lo son, sino que son sinagoga de Satanás."

Algunos relacionan estos versículos con comentarios de Pablo sobre judíos circuncidados en la carne pero no en el corazón, es decir, judíos étnicamente pero no espiritualmente. Pero ¿podría referirse literalmente a personas que dicen ser judías y no lo son? Desde una perspectiva bíblica, ¿quiénes eran los jázaros?

Koestler señala que una crónica georgiana los identifica con Gog y Magog. Ibn Fadlan, un viajero árabe del siglo X, escribió que algunos opinaban que Gog y Magog eran los jázaros. El monje Druthmar en el siglo IX escribió que había pueblos llamados Gog y Magog, entre ellos los Gazari que estaban circuncidados y observaban el judaísmo.

Josefo escribió que Magog fundó a los que se llamaron magogitas, que los griegos llaman escitas. El diccionario define "Escitia" como la región centrada en la costa norte del Mar Negro (es decir, Khazaria).

Bíblicamente, Gog y Magog ocupan un lugar destacado en Apocalipsis y Ezequiel. Apocalipsis dice que en los últimos días rodearán Jerusalén. Ezequiel dice que estaban al norte de Israel.

En las últimas décadas, algunos teólogos interpretaron a Gog y Magog como la Unión Soviética. Estaba al norte de Israel, tenía el ateísmo impuesto y era el supuesto enemigo de Israel. Con la caída de la URSS, muchos empezaron a dudar de esta teoría.

Se podría sugerir que la profecía de Apocalipsis 20:7-8 ya se ha cumplido. Satanás engañó a las naciones a través de los acontecimientos aquí descritos. Y la invasión de Israel ya ocurrió. Gog y Magog son los descendientes de los jázaros, a quienes el sionismo reunió de toda la Tierra para ocupar Israel.

Capítulo 14 – El 11 De Septiembre

El 11 de septiembre de 2001, un incidente peculiar fue reportado por CNN. Un grupo de hombres, aparentemente de Medio Oriente, fueron vistos celebrando el ataque a las Torres Gemelas. Danzaban, aplaudían y se fotografiaban con los edificios en llamas de fondo, para luego huir rápidamente en una furgoneta blanca. Alertada por vecinos que anotaron la matrícula, la policía emitió una orden de búsqueda del vehículo. Ese mismo día, CNN confirmó la detención de los sospechosos, pero después los medios estadounidenses abandonaron la historia.

Sin embargo, el Sunday Herald de Escocia persistió en su cobertura. Reportó que mientras Manhattan se sumía en el terror, al otro lado del río Hudson en Nueva Jersey, un puñado de hombres danzaba de júbilo. A medida que el World Trade Center ardía y se desplomaba, los cinco individuos filmaban la peor atrocidad jamás perpetrada en suelo americano. ¿Quiénes eran? ¿Palestinos, saudíes, iraquíes, Al-Qaeda? No, eran israelíes, y al menos dos de ellos agentes del Mossad, el servicio de inteligencia de Israel. El FBI los arrestó, pero al ser de la "amistosa" Israel y atribuirse el crimen a Al Qaeda, fueron deportados en menos de dos meses.

Esto plantea una pregunta crítica. El 11 de septiembre aún se desconocía al responsable del ataque, anunciado por el FBI dos días después. Entonces, ¿cómo es que los agentes del Mossad ya festejaban el día de la tragedia? En el mejor caso, esto indica un conocimiento previo del atentado y la certeza de que profundizaría la alianza entre EE.UU. e Israel. En el peor, sugiere una implicación directa del Mossad.

Existen una serie de coincidencias en torno al 11-S que, consideradas individualmente, podrían parecer irrelevantes, pero en conjunto despiertan serias dudas. Por ejemplo, la naviera israelí Zim, única empresa de ese país con oficinas en el WTC, trasladó su sede en EE.UU. del complejo una semana antes del ataque, aduciendo un alquiler más económico. Podría ser una feliz casualidad, pero no lo es.

Cuando los detectives investigan un asesinato, una de las primeras preguntas es: ¿quién se benefició del crimen? En el caso del 11-S, los extremistas musulmanes no ganaron nada. Al contrario, EE.UU. les declaró la guerra. Norteamérica tampoco salió favorecida, pues afronta las bajas y costos de los conflictos en Irak y Afganistán. El verdadero beneficiario es Israel. Sus enemigos fueron neutralizados por EE.UU., y se especula que Irán sería el próximo objetivo.

La guerra de Irak estaba planificada antes del 11-S. Pat Buchanan, columnista y ex asesor presidencial, escribió en 2004 que en 1996, en un documento estratégico para Netanyahu, Richard Perle, Douglas Feith y David Wurmser le instaron a centrarse en derrocar a Saddam como objetivo de Israel. El 11-S, Perle, Feith y Wurmser integraban el equipo de política exterior de Bush. En 1998, ocho miembros del futuro gabinete de Bush, incluyendo a Perle, Wolfowitz y Rumsfeld, enviaron una carta a Clinton exhortándolo a adoptar una estrategia para remover a Saddam del poder.

El 1 de enero de 2001, nueve meses antes del 11-S, Wurmser abogó por ataques de EE.UU. e Israel para ampliar el conflicto de Medio Oriente y asestar un golpe fatal a los regímenes de Damasco, Bagdad, Trípoli, Teherán y Gaza. Dijo que "las crisis pueden ser oportunidades". Y el 11-S llegó esa oportunidad.

Estos son algunos de los hombres mencionados por Buchanan: Richard Perle, a quien en 1970 se le descubrió espiando para Israel pero ni siquiera fue procesado. Douglas Feith, ferviente sionista y Subsecretario de Defensa de Bush. Paul Wolfowitz, otro entusiasta de Israel que fue Subsecretario de Defensa con Bush y luego dirigió el Banco Mundial.

Perle y Wolfowitz participaron en el "Proyecto para un Nuevo Siglo Americano". En 2000 publicaron un documento abogando por una mayor presencia militar de EE.UU. en el extranjero, especialmente en Medio Oriente. Pero advertían que "el proceso de transformación probablemente será largo, a menos que ocurra algún evento catastrófico y catalizador, como un nuevo Pearl Harbor".

Así que se sabe que antes del 11-S, estos hombres querían derrocar a Saddam, intimidar a otras naciones musulmanas y fortalecer a Israel. Y creían que una "crisis" o "nuevo Pearl Harbor" podría ayudar a lograr esos objetivos. Pero, ¿hay evidencia de que el 11-S fue algo más que lo declarado oficialmente?

Existen argumentos convincentes de que las Torres Gemelas no colapsaron solo por el impacto de los aviones. Hay testimonios de rescatistas que escucharon explosiones en los pisos superiores antes de que cayeran. Parecían demoliciones controladas, con explosiones en secuencia alrededor de los edificios. Muchos expertos encuentran imposible que las torres se derrumbaran casi a la velocidad de la gravedad, pues la robusta estructura de acero debió haber frenado la caída.

El World Trade Center estaba diseñado para resistir el impacto de un Boeing 707 completamente cargado. Frank A. Demartini, gerente de construcción del complejo, declaró en 2001 que probablemente resistiría múltiples impactos porque el entramado de acero era como una malla mosquitera, el fuselaje de un avión sería como un lápiz atravesando esa malla.

Para fundirse, el acero debe alcanzar alrededor de 1500°C. El queroseno de los aviones arde a un máximo de 825°C, y la mayoría concuerda en que las llamas en el WTC difícilmente superaron los 300-350°C. Eso no derretiría el acero, de la misma forma que las hornillas de gas no funden las ollas. Lo que sí podría fundirlo es la detonación de termita, un explosivo militar que alcanza los 2500°C en segundos. Eso también explicaría por qué el concreto se pulverizó en polvo en lugar de caer en grandes trozos.

Arquitectos e Ingenieros por la Verdad del 11-S han documentado evidencia abrumadora de que la caída de las Torres Gemelas fue producto de una demolición controlada, como el inicio súbito de la destrucción, la caída cercana a la velocidad de caída libre, el desplome siguiendo la trayectoria de mayor resistencia, el acero perimetral expulsado lateralmente hasta 150 metros, las ventanas de edificios a 120 metros reventadas por ondas expansivas, los 118 testigos que reportaron explosiones, los numerosos avistamientos de metal fundido, el concreto pulverizado en el aire con penachos arqueándose hacia afuera, la expansión rápida de enormes nubes de polvo, las eyecciones explosivas 40 pisos por debajo del punto de impacto, la desintegración total de las estructuras de acero, el campo simétrico de escombros de 400 metros de diámetro, la evidencia química de termita en el acero y muestras de polvo, y el análisis de acero de FEMA que mostró sulfuración, oxidación y fusión intergranular. No existe precedente histórico de estructuras de acero colapsando por incendios.

Aunque el desplome de las Torres Gemelas se debiera al fuego, esa teoría no aplica para el Edificio 7, una torre de acero de 47 pisos parte del complejo que también se vino abajo pese a no ser impactada por aviones. El gobierno alega que los escombros de las Torres Gemelas lo dañaron haciéndolo caer. Pero el daño fue superficial y su suave descenso en sólo 6.6 segundos se asemeja mucho a una demolición controlada.

Pero, ¿cómo pudo alguien plantar explosivos en el WTC sin ser detectado? Esta cita arroja luz: Scott Forbes, empleado de Fiduciary Trust que ocupaba los pisos 90 y 94-97 de la Torre Sur, relató que el fin de semana del 8 y 9 de septiembre hubo un corte de energía desde el piso 50 hacia arriba por unas 36 horas. Tuvo que colaborar para apagar y luego reiniciar todos los sistemas. La razón dada fue que se estaba actualizando el cableado. Por supuesto, sin electricidad no había cámaras de seguridad ni cerraduras electrónicas, y muchos "ingenieros" entraban y salían.

Otras curiosidades del 11-S: El WTC fue comprado menos de dos meses antes de los ataques por Larry Silverstein, ferviente sionista con amplios negocios en Israel. Tras la tragedia, recibió un pago de seguros de casi $5,000 millones. La empresa copropietaria de Marvin Bush, hermano del presidente, se encargaba de la seguridad del complejo hasta el año 2000.

Otra anomalía fue la falta de respuesta de la Fuerza Aérea. Cuando un avión comercial se desvía de su ruta o se pierde contacto, la FAA debe notificar de inmediato al

NORAD para que envíe cazas a interceptarlo. Era el protocolo estándar mucho antes del 11-S. La primera torre fue atacada a las 8:46 AM. A las 8:54, el vuelo 77 que luego impactaría el Pentágono se desvió y a las 8:56 apagó su transpondedor. La segunda torre fue chocada a las 9:03. Para entonces, todos sabían que el primer impacto no había sido un accidente. El vuelo 77 no impactó el Pentágono hasta las 9:38. ¿Por qué no había cazas esperándolo? El gobierno sabía desde hacía al menos 35 minutos que EE.UU. estaba bajo ataque, y habían pasado 44 minutos desde que el vuelo 77 se desvió rumbo a Washington. La base aérea de Andrews, con dos escuadrones de cazas en alerta, estaba a sólo 16 km del Pentágono.

Se ha argumentado que el vuelo 77 fue difícil de rastrear porque tenía el transpondedor apagado. Pero seguramente el NORAD, con sus avanzados radares y satélites, era capaz de detectarlo. Con EE.UU. siendo atacado, ¿no deberían haberse desplegado cazas sobre Washington de todas formas? En el mejor de los casos fue una incompetencia garrafal, pero nadie en el NORAD fue degradado o amonestado por lo ocurrido. Muchos creen que a la Fuerza Aérea se le ordenó permanecer en tierra.

También abundan las interrogantes sobre los secuestradores. El FBI los identificó apenas tres días después, aunque nadie sobrevivió a los impactos para señalarlos. Pero pronto se descubrió que varios de ellos estaban vivos. The Telegraph de Londres informó el 23 de septiembre que cuatro hombres inocentes contaron cómo les robaron su identidad. Estaban conmocionados al ser nombrados erróneamente por el FBI como terroristas suicidas. Ninguno estuvo en EE.UU. el 11-S y todos seguían vivos en Arabia Saudita.

En total, al menos seis de los presuntos secuestradores aparecieron vivos. El 21 de septiembre, CNN reportó que el director del FBI admitió que algunos de los terroristas pudieron haber robado la identidad de otras personas. Sin embargo, no emitió ninguna corrección, ni la Comisión del 11-S investigó la controversia. Además, que terroristas árabes roben identidades de otros árabes para incriminar a los árabes parece de lo más improbable. Que lo hagan israelíes es mucho más creíble, considerando el historial de Israel intentando culpar a los árabes de atrocidades contra Occidente.

La evidencia que respalda la hipótesis de terroristas árabes es muy limitada. El gobierno afirmó tener pruebas de que Bin Laden era el culpable, pero nunca las presentó públicamente. Se mencionaron "interceptaciones telefónicas", pero en 1986 EE.UU. fue engañado para atacar Libia mediante mensajes falsos enviados por un troyano israelí.

El 13 de diciembre de 2001, EE.UU. hizo público un video donde supuestamente Bin Laden confesaba haber cometido el 11-S. El audio era débil y confuso; expertos árabes cuestionaron la traducción. Y el hombre no se parecía mucho a Bin Laden. Sin dar más detalles, el gobierno informó que fuerzas estadounidenses lo habían "encontrado" en una casa en Afganistán. Un hallazgo casual muy conveniente. Esta "evidencia" tenía toda la pinta de haber sido fabricada y plantada por un servicio de inteligencia.

Otro indicio clave fue el pasaporte de Mohammed Atta, hallado intacto fuera del WTC. Supuestamente sobrevivió a la explosión y flotó hasta el suelo. Una explicación mucho más creíble: fue colocado ahí. Atta había reportado el robo de su pasaporte en 1999.

Además, un auto atribuido a los secuestradores fue encontrado en el aeropuerto de Boston con un Corán y un manual de vuelo adentro. Se sugiere que estas fueron más pistas plantadas para llevar a conclusiones específicas.

En Alemania, Atta era un tímido estudiante de arquitectura que según su familia era retraído con las chicas y odiaba volar. Pero en EE.UU. apareció un Atta muy diferente. Según testigos, el viernes previo al 11-S, Atta y otros dos presuntos secuestradores fueron a un bar en Florida, donde bebieron en exceso, jugaron videojuegos y profirieron insultos. El periodista Daniel Hopsicker cita testimonios de que "Atta" en Florida era un fiestero al que le encantaba beber, esnifar cocaína y escuchar rock. CBS News reportó que tres hombres vomitaron sentimientos antiestadounidenses en un bar y hablaron de un inminente baño de sangre la noche anterior al 11-S.

Constantemente se dijo que Atta y sus compañeros eran fundamentalistas islámicos, motivados a morir por su fe. Pero su estilo de vida lo contradecía por completo. ¿Qué musulmán devoto lleva su Corán a un club de striptease? ¿Qué agentes en una misión encubierta llaman la atención discutiendo en voz alta y dejando atrás sus tarjetas? Estos hechos no encajan con la narrativa oficial, pero sí con alguien sembrando pistas engañosas.

Rudi Dekkers, quien dirigía la escuela de aviación donde se entrenó Atta, relató que intentó comunicarse con él en alemán, pero Atta lo miró con ojos fríos, no reaccionó en absoluto y se alejó. Es obvio por qué no respondió al saludo: era un despiadado asesino. O quizás no era Atta, sino un agente del Mossad haciéndose pasar por él, alguien que aparentaba ser Atta pero no entendía alemán, un predicamento que el Mossad no previó.

Otro problema: ¿cómo hicieron estos "terroristas árabes" para pilotar los aviones con tal precisión? The New York Times hizo un perfil del presunto secuestrador del vuelo 77, Hani Hanjour. Según los investigadores, pilotó el avión que se estrelló contra el Pentágono, pero en febrero de 2001 fue reportado ante la agencia federal de aviación después de que instructores de su escuela de vuelo en Phoenix consideraran sus habilidades de pilotaje tan deficientes y su dominio del inglés tan pobre que cuestionaron si su licencia era genuina. Lo describieron como un piloto realmente malo, y les sorprendía que hubiera podido estrellar el avión contra el Pentágono.

Supuestamente Hanjour contó con la asistencia de Khalid al-Mihdar y Nawaq al-Hazmi, quienes tomaron lecciones de vuelo en San Diego. El instructor Rick Garza declaró que eran como personajes cómicos incompetentes y que para él estaba claro que nunca iban a ser pilotos.

Muchos pilotos comerciales experimentados han afirmado que ni ellos mismos podrían haber ejecutado la maniobra hacia el Pentágono, que sólo un piloto de combate sería capaz de realizar. Stan Goff, ex instructor militar de West Point, dijo que un piloto entrenado en una escuela para avionetas Piper Cub y Cessna realiza una espiral descendente perfectamente coordinada, bajando los últimos 2200 metros en dos minutos y medio, y vuela el avión con precisión milimétrica hacia el Pentágono a 850 km/h. Cuando la teoría de que aprendió a volar tan bien en la escuela para principiantes empezó a hacer agua, se agregó que recibió entrenamiento adicional.

Otro aspecto cuestionable son las llamadas telefónicas de los pasajeros desde los aviones secuestrados. Según numerosos pilotos y expertos en telefonía, en 2001 era técnicamente imposible hacer llamadas confiables desde teléfonos celulares a grandes altitudes y velocidades. El proceso de handshake electrónico entre el teléfono y el transpondedor celular no podía completarse antes de que el avión volara fuera del alcance. Si bien a veces era posible conectarse durante el despegue y el aterrizaje, en la situación reportada las llamadas eran imposibles. Las llamadas desde el avión eran falsas, sin peros. Sin embargo, algunas sí se originaron desde teléfonos de a bordo instalados en el avión, que por supuesto transmiten de manera confiable durante los vuelos.

Los servicios de inteligencia a veces llegan a extremos extraordinarios para crear engaños. Victor Ostrovsky, un ex agente del Mossad, da un ejemplo en su libro. El Mossad se enteró de que un oficial sirio viajaría a Bruselas a comprar muebles. Así que compró un edificio allí, lo convirtió en una tienda de muebles con sus agentes como empleados, y se aseguraron de que el sirio fuera dirigido a la tienda. Le ofrecieron grandes descuentos y antes de enviar los muebles a Siria, los equiparon con micrófonos para monitorear las conversaciones de la fuerza aérea siria. El engaño es el modus operandi del trabajo de inteligencia.

En el caso del 11-S, las llamadas telefónicas eran esenciales para probar la explicación oficial, ya que ningún piloto envió alertas al control de tráfico aéreo, y ningún pasajero sobrevivió para describir lo ocurrido. No sería muy difícil falsificar una llamada a un operador, pero ¿qué hay de las llamadas a familiares?

Con la tecnología actual es posible tomar una impresión de voz de conversaciones telefónicas, alimentarla a una computadora, y hacer que un agente se haga pasar por alguien tan bien que ni su madre notaría la diferencia. Entonces, ¿cómo podrían haberse falsificado las llamadas del 11-S?

(1) El servicio de inteligencia hackea el sistema de reservas de la aerolínea y ve quién está reservado en el vuelo objetivo.

(2) Luego escuchan y graban las llamadas de los pasajeros seleccionados, revelando cómo conversan con sus familiares, los apodos que usan, etc. Se toman huellas de voz.

(3) El 11-S, un agente que ha estudiado las conversaciones grabadas llama a la casa de la víctima, hablando a través de una huella de voz: "¡Cariño, soy yo! ¡Han secuestrado mi avión! ¡Parecen musulmanes! No sé qué va a pasar, pero quería decirte que te amo". Si algo sale mal, es decir, la esposa pregunta algo que él no puede responder, dice: "¡Tengo que irme ahora!" y cuelga.

Las llamadas del 11-S mostraron peculiaridades y discrepancias que podrían explicarse como errores de los agentes, pero igual de fácilmente como resultado de la ansiedad de pasajeros reales. No se insiste en que todas fueran falsas. Algunas provenían de pasajeros que reservaron en las últimas 24 horas; orquestar eso sería complicado y arriesgado. Y resulta difícil dudar de la extensa llamada grabada atribuida a la azafata Betty Ong.

Si las llamadas eran genuinas, es posible que los aviones aún fueran controlados remotamente hacia sus objetivos, con voluntarios del Mossad como los secuestradores, sabiendo - o sin saber - que la muerte también era su propio destino.

Algunas preguntas finales

¿Por qué demoler el Edificio 7? Puede que no sea coincidencia que la sede de la CIA en Nueva York estuviera en él. Algunos sugieren que la operación se dirigió desde allí; cuando todo estuvo hecho, los perpetradores salieron y apretaron un control remoto para implosionar el edificio y enterrar toda la evidencia bajo los escombros.

¿Qué pasó con Bin Laden? A pesar de su avanzada tecnología de vigilancia, EE.UU. tardó casi 10 años en encontrarlo, probablemente porque nunca quiso hacerlo realmente. Hacerlo habría terminado cualquier justificación para las posteriores guerras.

Por supuesto, EE.UU. ha afirmado que Bin Laden fue asesinado en 2011 por un equipo de Navy SEALs. Hay muchas razones para dudar de la credibilidad de esta historia:

(1) Siendo supuestamente el líder de la red terrorista más grande del mundo, capturar a Bin Laden vivo debería haber sido la máxima prioridad para obtener información sobre las operaciones terroristas. En cambio, simplemente le dispararon.

(2) Increíblemente, un día después EE.UU. anunció que había arrojado el cuerpo de Bin Laden al océano, asegurando que no se pudiera ver el cadáver ni examinar su identidad. El gobierno alegó que tenía "pruebas de ADN" de que era Bin

Laden, pero la fuente y análisis de esta supuesta evidencia estaba totalmente bajo control político.

(3) Las fotos "filtradas" del cuerpo acribillado de Bin Laden aparecieron rápidamente en Internet, pero los análisis demostraron que eran fotos antiguas editadas con Photoshop.

(4) El momento del incidente sugiere que fue parte de una campaña para aumentar la popularidad de Obama, que había caído a un mínimo histórico en abril de 2011.

Menos de dos semanas antes, la Casa Blanca había hecho pública una supuesta versión larga del certificado de nacimiento del presidente, después de que varios detractores alegaran que no era ciudadano estadounidense de nacimiento, lo que lo habría descalificado para la presidencia. Expertos han denunciado que el certificado es una falsificación digital.

Cuando el presidente anunció la "muerte" de Bin Laden, enormes multitudes se reunieron frente a la Casa Blanca, a pesar de ser pasada la medianoche y haber pocas residencias cerca. La imagen del presidente diciendo "Dios bendiga a Estados Unidos" mientras cientos coreaban "¡USA!" olía a un evento mediático orquestado para impulsar su imagen patriótica antes de las elecciones.

¿Y los propósitos del 11-S? Al menos dos son evidentes:

(1) Crear el Departamento de Seguridad Nacional como un aparato que vigilará y oprimirá progresivamente al pueblo estadounidense, basándose en definiciones cada vez más amplias de "terrorista". El Departamento fue propuesto antes del 11-S. Según Ted Gunderson, cuando el atentado de 1993 contra el WTC no logró la legislación antiterrorista deseada,

recurrieron a Oklahoma City. Cuando eso no produjo el Departamento de Seguridad Nacional, recurrieron al 11-S.

(2) Generar las guerras de Medio Oriente buscadas por Wolfowitz, Feith, Perle e Israel. Lo que lleva a otra pregunta: ¿por qué se fue a la guerra en Irak?

Capítulo 15 - Propósito De La Guerra En Irak

La invasión de Irak tuvo tres objetivos principales. Los dos primeros eran claros: derrocar el régimen de Sadam Husein, cuyas fuerzas armadas eran la mayor amenaza para Israel, y asegurar el control de los yacimientos petrolíferos iraquíes, los segundos más grandes del mundo después de los de Arabia Saudita.

El tercer objetivo es más misterioso y puede entenderse a través de las supuestas declaraciones de Albert Pike, un ocultista y líder masónico estadounidense del siglo XIX. A Pike se le atribuye la profecía de tres guerras mundiales, con la última culminando en el reinado de Lucifer. Durante décadas, se ha debatido sobre una supuesta carta de Pike a Giuseppe Mazzini, un revolucionario y líder masónico italiano, fechada el 15 de agosto de 1871. En 1957, William Guy Carr comentó sobre esta carta, diciendo que corroboraba los planes de los Illuminati para provocar un enfrentamiento entre sionistas y musulmanes que involucraría a muchas naciones. Si estallara una guerra entre el Sionismo Político y el Islam, solo el Comunismo Ateo y el Cristianismo quedarían como potencias mundiales al final.

La carta de Pike predecía que fuerzas revolucionarias nihilistas y ateas causarían un cataclismo que mostraría a las naciones los efectos del ateísmo absoluto, provocando barbarie y trastornos sangrientos. Los ciudadanos, al defenderse de una minoría mundial de revolucionarios, exterminarían a estos destructores de la civilización. La multitud, desilusionada con el cristianismo, recibiría la verdadera luz a través de la manifestación universal de la doctrina pura de Lucifer, lo que provocaría un movimiento reactivo general que destruiría tanto el cristianismo como el ateísmo.

La referencia de Pike a recibir la verdadera luz de Lucifer aludía a la llegada del Anticristo. También predijo la destrucción del cristianismo y el ateísmo. Para Satanás, el ateísmo es solo una herramienta temporal para socavar la fe en Dios, ya que desea ser adorado.

Así, el tercer propósito de la invasión de Irak podría interpretarse como iniciar la Tercera Guerra Mundial, el enfrentamiento final profetizado por Pike, comenzando como un conflicto entre sionismo e Islam, y terminando en una guerra entre cristianismo y ateísmo (¿Estados Unidos contra Rusia?). De las cenizas de esta última conflagración, que ninguna nación ganaría, surgiría el Anticristo.

Se dice que el Templo de Salomón está ubicado en Jerusalén, bajo la Cúpula de la Roca, un santuario venerado del Islam. Esta idea es una invención introducida en 1963 en la revista Biblical Archeological Review por Asher Kaufman, miembro de la logia masónica más secreta, la Gran Logia Madre Quatuor Coronati. Existe un plan en Israel para demoler la Cúpula de la Roca y reconstruir el Templo de Salomón, apoyado por muchos cristianos. Sin embargo, este templo estaría dedicado a Satanás y su construcción desencadenaría un conflicto mundial con el Islam, el objetivo de los Illuminati.

La provocación no es unilateral. Hay una relación histórica entre la masonería y los Asesinos, una antigua facción musulmana. Actualmente, varias sectas islámicas se asemejan a la masonería, con jerarquías y rituales secretos, y son la fuerza impulsora del extremismo y la violencia islámica contemporánea.

Al analizar cómo los conflictos mundiales han servido a los propósitos del Anticristo, se observa que el Gobierno Mundial se estableció con la Primera Guerra Mundial (Sociedad de Naciones), se fortaleció con la Segunda (Naciones Unidas) y presumiblemente se consolidaría con la Tercera (un gobierno mundial omnipotente). El comunismo, un instrumento para derrocar monarquías y religiones, se estableció con la Primera Guerra Mundial, se extendió con la Segunda y la Tercera no culminaría en comunismo per se, sino en un gobierno totalitario peor. El sionismo obtuvo un hogar nacional judío en Palestina con la Primera Guerra Mundial, el estado de Israel con la Segunda y con la Tercera, el Anticristo reinaría desde un templo reconstruido en Jerusalén.

Capítulo 16 – El Arte y La Cultura

El éxito en las listas musicales, como el de Britney Spears, no surge de la nada. Al igual que la elección y promoción de Jimmy Carter como presidente de Estados Unidos, la cultura pop está controlada por un proceso similar de saturación mediática y manipulación de la demanda.

En 1955, Disney estrenó la película "Davy Crockett" y, de repente, los gorros de piel de mapache se pusieron de moda, vendiéndose 10 millones en solo ocho meses. Sin embargo, un año después, las tiendas apenas podían vender uno. Este caso inofensivo demostró el poder del marketing y la conformidad para convencer al público de desear algo.

Los Beatles, iconos musicales de los años sesenta y epicentro de la revolución cultural, son un ejemplo más trascendente. Su primera aparición en Estados Unidos, en el programa de Ed Sullivan en 1964, fue ampliamente publicitada. Al día siguiente, los estudiantes hablaban más de la reacción histérica de las chicas del público que de la música en sí.

Después, la "Beatlemanía" se extendió por todo el país. Los jóvenes imitaban su estilo y llevaban el cabello largo. Además, los Beatles contribuyeron al inicio de la cultura psicodélica, con referencias veladas a las drogas en sus letras, como en "Lucy in the Sky with Diamonds", un guiño al LSD.

Se creó la ilusión de que cuatro chicos de Liverpool habían conquistado el mundo por su cuenta, calificándolos de "anti-Establecimiento". Sin embargo, fueron una creación del propio Establecimiento, apareciendo en portadas de revistas como Life y Newsweek. Incluso el LSD fue fabricado por Sandoz, una empresa farmacéutica de Warburg.

El Dr. John Coleman, ex agente del MI6, ha revelado que los Beatles fueron una creación artificial. En su primera aparición en el programa de Ed Sullivan, apenas sabían tocar cuatro acordes básicos. Según Coleman, aunque Lennon y McCartney acabaron escribiendo algunas de sus propias canciones, la música de sus primeros álbumes se creó en el Instituto Tavistock de Sussex, Inglaterra.

El Instituto Tavistock es el centro neurálgico del cártel para el lavado de cerebro masivo y la manipulación cultural, trabajando en red con Tanques de Pensamiento como la Rand Corporation, el Hudson Institute y el Stanford Research Institute. Ed Sullivan recibió seis semanas de instrucción en Tavistock sobre cómo promocionar a los Beatles, y las reacciones histéricas también fueron orquestadas, con chicas contratadas para gritar descontroladamente.

La imitación de los Beatles por parte de los jóvenes se debió a la creencia inducida de que ese era el tipo de hombre que atraía a las chicas guapas: revolucionarios fumadores de marihuana de pelo largo.

Tras las revelaciones de Coleman, John Lennon fue asesinado por John David Chapman, un enigmático asesino que había estado viviendo cerca de un campo de entrenamiento de la CIA en Beirut. Quizás Lennon era el objetivo porque, de los cuatro Beatles, era el más propenso a hablar y revelar cómo se crearon realmente.

Coleman también afirma que Tavistock estuvo detrás de Harry Potter y, muy probablemente, de El Código Da Vinci.

Además, la decadencia moral de las "estrellas" se exagera para fomentar la imitación, bajo la premisa de que si ellos pueden hacerlo, ¿por qué los jóvenes no?

Capítulo 17 - La Guerra Contra La Fe

La consolidación es el mecanismo fundamental del satánico Nuevo Orden Mundial. Esto ha llevado a la erosión de la soberanía nacional, conduciendo a Europa del Mercado Común a la Unión Europea, y a Norteamérica del TLCAN a la propuesta Unión Norteamericana, para finalmente fusionar estas estructuras regionales en un único gobierno global. Un proceso análogo está ocurriendo a nivel corporativo mediante fusiones empresariales.

Los Illuminati también anhelan la consolidación religiosa, conocida como ecumenismo, derivado de la palabra griega "oikoumene" que significa "mundo" y "tierra". El historiador globalista británico Arnold Toynbee afirmó: "Considero que, en el ámbito religioso, el sectarismo estará subordinado al ecumenismo, así como en el campo político, el nacionalismo estará subordinado al gobierno mundial . . . ."

Los Rockefeller dedicaron su inmensa fortuna a varias tareas, una de ellas fue la religión ecuménica, que aparentemente requería tres etapas:

(1) Degradar el cristianismo como fe única, otorgando préstamos a las principales iglesias a cambio de modificaciones doctrinales y financiando seminarios que produjeran ministros "modernistas" para socavar la fe. Esto debilitaría el cristianismo y lo prepararía para su consolidación con otras religiones.

(2) Establecer organizaciones (como el Consejo Nacional de Iglesias) como marco para que diversas

denominaciones, y finalmente múltiples religiones, pudieran unirse bajo la bandera ecuménica.

(3) Promover causas sociales aceptables para la mayoría de las confesiones y religiones, como puntos de encuentro para la "acción unida".

Los Primeros Años

Degradando el Cristianismo

Los Illuminati comprendieron que el cristianismo sería difícil de incorporar a un movimiento ecuménico global debido a su singularidad entre las religiones, al ofrecer la salvación no por buenas obras, sino por la fe en Jesucristo a través de Su obra en la cruz. Por lo tanto, uno de sus objetivos era atacar la autoridad e historicidad de la Biblia.

Con este propósito, los Rockefeller financiaron considerablemente seminarios que cuestionaban el Evangelio, siendo el más notorio el Seminario Teológico de la Unión en Nueva York. El teólogo presbiteriano Charles Briggs, graduado y profesor del Union Theological, introdujo prominentemente en América el "criticismo superior" a finales del siglo XIX, afirmando que la Biblia estaba plagada de errores y negando que muchos de sus libros hubieran sido escritos por los autores atribuidos.

En 1922, el pastor bautista Harry Emerson Fosdick, también graduado del Seminario Teológico de la Unión, pronunció un polémico sermón titulado "¿Triunfarán los fundamentalistas?" en la Primera Iglesia Presbiteriana de

Nueva York. Cuestionó que la Biblia fuera la Palabra de Dios, el nacimiento virginal, la segunda venida de Cristo e incluso que su muerte en la cruz sirviera como expiación por los pecados. Además, denunció a los fundamentalistas, que sostenían estas creencias, como "intolerantes".

El sermón desató indignación. La Asamblea General de la Iglesia Presbiteriana exigió una investigación sobre Fosdick, quien se vio obligado a renunciar. Sin embargo, fue contratado inmediatamente como pastor de la Riverside Church, la iglesia que John D. Rockefeller, Jr. construyó a un costo de 4 millones de dólares. Rockefeller financió la impresión de 130,000 copias del famoso sermón de Fosdick, que fueron distribuidas a ministros protestantes. El hermano de Fosdick, Raymond, fue presidente de la Fundación Rockefeller durante doce años.

Las opiniones expresadas por teólogos como Briggs y Fosdick se denominaron "modernismo", que también incluía negar la divinidad, los milagros y la resurrección de Cristo. En resumen, el modernismo no era una mera disputa sobre alguna zona gris en un pasaje bíblico; era un rechazo total de los principios fundamentales de la fe. Y con el respaldo de Rockefeller, se abrió camino en seminarios, universidades cristianas e iglesias de toda América. El modernismo no simplemente "ocurrió"; fue una agenda orquestada y financiada.

Los cristianos que se opusieron con discernimiento a este movimiento fueron llamados "Fundamentalistas" por defender las doctrinas fundamentales que los modernistas atacaban.

Formando una Estructura Ecuménica

En la visión a largo plazo de los Illuminati, una vez que el modernismo hubiera degradado suficientemente al cristianismo a "sólo otra religión", podría ser unido con otras religiones. Pero antes de lograr este último paso, las propias denominaciones cristianas debían unirse.

En 1908 se fundó el Consejo Federal de Iglesias (posteriormente llamado Consejo Nacional de Iglesias). Financiado en gran medida por los Rockefeller, se convertiría en el núcleo estructural de la campaña para consolidar el cristianismo estadounidense. John Foster Dulles, pariente político de los Rockefeller, fue elegido para encabezar el ecumenismo. Dulles defendió a Harry Emerson Fosdick durante su investigación por herejía, y fue presidente de la junta directiva de la Fundación Rockefeller, de la cual Raymond, el hermano de Emerson, era presidente.

Dulles fue asesor legal de la delegación estadounidense en la Conferencia de Paz de París de 1919, donde se creó la Sociedad de Naciones, primer paso hacia un gobierno mundial. Miembro fundador del Consejo de Relaciones Exteriores, Dulles contribuyó con artículos a la revista Foreign Affairs del CFR desde su primer número en 1922. Globalista empedernido, ayudó a redactar el preámbulo de la Carta de las Naciones Unidas (que no menciona a Dios). Dulles también presidió la Fundación Carnegie para la Paz Internacional, donde su elección para presidente fue Alger Hiss, el notorio espía comunista que fue secretario general en la conferencia fundacional de la ONU en 1945.

Parte de la agenda religiosa de Dulles consistía en persuadir a las iglesias estadounidenses de aceptar un gobierno mundial. En 1937, escribió en la revista Religion in Life: "Una solución teórica radica en la abolición de todo el concepto de soberanía nacional y la unificación del mundo en una sola nación. Todas las barreras fronterizas quedarán así automáticamente niveladas..."

Dulles formó parte del comité ejecutivo del Consejo Federal (posteriormente Nacional) de Iglesias. En 1942, presidió una reunión de 30 denominaciones religiosas convocadas por el Consejo Federal de Iglesias, y Time informó que adoptaron un programa que pedía "un gobierno mundial de poderes delegados", "fuertes e inmediatas limitaciones a la soberanía nacional", "un sistema monetario universal" y muchas otras medidas globalistas.

Como la ambición de los Illuminati no era simplemente consolidar las iglesias en América, sino en todo el planeta, en 1948 se formó el Consejo Mundial de Iglesias. John Foster Dulles asistió a la conferencia fundacional en Ámsterdam. El director de investigación fue John C. Bennett, miembro del Consejo de Relaciones Exteriores y presidente del Seminario Teológico de la Unión. También asistió Reinhold Niebuhr (CFR, Union Theological). La financiación del Consejo Mundial de Iglesias provenía de las fundaciones Rockefeller y Carnegie.

El Evangelio Social: Un método para implantar el ecumenismo

Aunque el Consejo Nacional y el Consejo Mundial de Iglesias proporcionaron estructuras para la consolidación, quedaba la cuestión de cómo motivar a las iglesias a unirse. Las confesiones cristianas a menudo difieren en diversas cuestiones teológicas. Pero suelen coincidir en valores (ayudar a los pobres y enfermos, por ejemplo). La estrategia de unificación, por lo tanto, consistía en alentarlas a colaborar en aquello en lo que sí estaban de acuerdo. Esto tomó la forma de un programa orientado a la acción conocido como "el Evangelio Social".

Walter Rauschenbusch, un ministro bautista formado en el Seminario Teológico de Rochester, también financiado por los Rockefeller, se convirtió en socialista y fue conocido como "Padre del Evangelio Social". En 1893, aproximadamente cuando Charles Augustus Briggs iniciaba el movimiento modernista estadounidense, Rauschenbusch declaró que "el único poder que puede hacer triunfar el socialismo, si se establece, es la religión". Afirmó que "el cristianismo es revolucionario por naturaleza", negó que Cristo muriera en expiación sustitutiva por nuestros pecados y sostuvo que el Reino de Dios "no es una cuestión de llevar individuos al cielo, sino de transformar la vida en la tierra en la armonía del cielo".

Quizá el promotor más notorio del "Evangelio social" fue el reverendo Harry F. Ward, respaldado por Rockefeller, quien enseñó durante 23 años en el Union Theological Seminary. Ward también fue el presidente fundador de la Unión Americana de Libertades Civiles (ACLU), un cargo irónico, ya que la organización se ha opuesto firmemente a las exhibiciones religiosas en propiedad pública. Ward también presidió la Liga Americana contra la Guerra y el Fascismo, fundada por el Partido Comunista de Estados Unidos. Manning Johnson, ex funcionario del Partido Comunista, declaró ante el Congreso en 1953 que Ward "ha sido el principal artífice de la infiltración y subversión comunistas en el ámbito religioso". El líder sindical Samuel Gompers, fundador de la Federación Estadounidense del Trabajo, llamó a Ward "el clérigo probolchevique más ardiente de este país". (Nótese la ironía de que un clérigo apoye el comunismo, una ideología que denuncia la religión como "el opio del pueblo" y que ha masacrado a millones de cristianos).

El Evangelio Social de Ward fue un impulso al ecumenismo. Ayudó a fundar, en 1908, la Federación Metodista para el Servicio Social (ahora llamada Federación Metodista para la Acción Social). Ward fue su secretario durante 33 años. En la Federación, el Evangelio de Cristo pasó a un segundo plano frente al Evangelio Social, que llamaba a los cristianos a luchar por cosas como la justicia social, mejores condiciones laborales y la "paz mundial". No es sorprendente que estos fueran los mismos objetivos proclamados por los marxistas. Así, los cristianos debían unirse en una fuerza de trabajo voluntaria y barata para un nuevo orden mundial socialista.

No se descuidó el trabajo misionero. En 1930, a petición de John D. Rockefeller, Jr. y con su apoyo financiero, un grupo de laicos bautistas persuadió a siete denominaciones para que participaran en la "Investigación de laicos sobre misiones extranjeras". Su informe, Re-Thinking Missions: A Laymen's Inquiry after One Hundred Years, recomendaba que los misioneros dejaran de hacer hincapié en la doctrina cristiana y trataran de aliarse con otras religiones para realizar buenas obras.

Las confesiones se distanciaron del informe. Sin embargo, Pearl Buck, escritora y ex misionera en China, lo elogió en The Christian Century, afirmando que todo cristiano debería leerlo. En artículos publicados en Harper's y Cosmopolitan, Buck rechazaba la doctrina del pecado original y afirmaba que la creencia en la divinidad, e incluso en la historicidad de Cristo, no era esencial para la fe. Criticó al misionero típico por ser "estrecho, poco caritativo, poco agradecido e ignorante". En lugar de la evangelización, recomendó que los misioneros ayudaran en labores agrícolas, educativas, médicas y sanitarias (es decir, el Evangelio Social). En resumen, las declaraciones de Pearl Buck encajaban perfectamente en el plan de los Rockefeller para un cristianismo ecuménico "modernizado". No debe pasarse por alto que, tras alabar la investigación misionera de Rockefeller, su novela La buena tierra fue galardonada con el Premio Nobel de Literatura y se convirtió en una película nominada al Oscar.

Años Recientes: El Plan En Tres Etapas Continúa

Degradación del cristianismo

El proceso iniciado por Charles Briggs, introduciendo el "Modernismo" con su ataque a todos los fundamentos del Cristianismo y de la Biblia, continúa hoy en día.

Un asalto prominente a la autenticidad de la Biblia ha sido el Seminario de Jesús, iniciado en 1985 por el difunto Robert Funk, con el respaldo del Instituto Westar, cuyos patrocinadores financieros no se hacen públicos. Funk llenó su seminario de "eruditos" liberales: más de una docena habían estudiado en el Union Theological Seminary, y cerca de la mitad provenían de tres escuelas liberales del Establecimiento: Harvard, Vanderbilt (ambas escuelas de teología estaban fuertemente financiadas por los Rockefeller) y la abiertamente ecuménica Escuela de Teología Claremont.

El Seminario de Jesús utilizaba un sistema de cuentas de colores para votar si algo fue realmente dicho o hecho por Jesús. Una cuenta roja significaba "definitivamente sí", una rosa "probablemente sí", una gris "probablemente no" y una negra "definitivamente no". En resumen, la exactitud histórica de la Biblia debía determinarse por votación, basada en opiniones personales de personas que vivían dos mil años después de los testigos oculares originales de los hechos.

El seminario concluyó que más del 80% de los dichos atribuidos a Jesús no fueron realmente pronunciados por Él, y que sólo el 2% eran definitivamente exactos. Asimismo, el seminario siguió la tradición modernista al negar los milagros, la divinidad y la resurrección de Jesús. Funk, quien defendía estos puntos de vista, había seleccionado a los participantes en el seminario, por lo que su resultado no fue ninguna sorpresa. No obstante, los medios de comunicación promocionaron el seminario como una refutación "erudita" de la mayor parte del Nuevo Testamento.

Además, en la televisión por cable se ha emitido una serie de "documentales" destinados a cuestionar la Biblia. Estos documentales suelen dedicar la mayor parte de su tiempo de emisión a entrevistar a teólogos modernistas en lugar de a teólogos conservadores. Los documentales se han emitido de forma destacada en canales que deben ser absolutamente evitados.

Capítulo 18 - El Libro Prohibido

La Biblia puede ser considerada el libro más censurado y "manoseado" del mundo debido a su profunda influencia religiosa, cultural y política, que ha llevado a su manipulación y restricción a lo largo de la historia. Ha sido traducida y reinterpretada innumerables veces, cada versión reflejando las creencias y agendas de traductores y líderes religiosos. Esta multiplicidad de versiones ha generado disputas teológicas y ha sido utilizada para justificar diversas posiciones ideológicas, desde movimientos de liberación hasta regímenes opresivos. Además, su censura en diversos contextos, desde prohibiciones completas en regímenes autoritarios hasta ediciones expurgadas en sociedades más liberales, destaca cómo ha sido instrumentalizada para controlar o influir en las creencias y comportamientos de las personas, subrayando su condición de uno de los textos más manipulados y controversiales de la historia.

Aparte de la Biblia, es difícil determinar con certeza cuál es el libro más censurado del mundo, pero los Protocolos de los Sabios de Sion podrían ser uno de los principales candidatos. Se han realizado numerosos esfuerzos para prohibir su venta, llegando incluso a castigar con la muerte la posesión de un ejemplar en la antigua Unión Soviética.

Siempre se ha afirmado que los Protocolos eran una falsificación, supuestamente fabricada por la policía secreta del zar, la Okhrana, para justificar la persecución de los judíos. Esta idea se daba por sentada y cualquier mención a los Protocolos era desestimada como falsa. Sin embargo, surgió la duda sobre si podrían ser verdaderos y haber sido suprimidos para evitar su lectura. Esto llevó a examinarlos más de cerca, y desde las primeras páginas se encontró un pasaje sorprendente:

"Para ellos, que desempeñe el papel principal que les hemos persuadido a aceptar como los dictados de la ciencia (teoría). Es con este objetivo que estamos constantemente, por medio de nuestra prensa, despertando una confianza ciega en estas teorías, que nuestros especialistas han construido astutamente. Los intelectuales de los goyim se hincharán de sus conocimientos y, sin ninguna verificación lógica de los mismos, pondrán en práctica toda la información disponible de la ciencia, que nuestros especialistas agentur astutamente han reunido con el fin de educar sus mentes en la dirección que queremos. No supongan ni por un momento que estas afirmaciones son palabras vacías: piensen detenidamente en los éxitos que organizamos para el darwinismo . . . ." (Protocolos 2:2-3)

Surge la pregunta de cómo la policía del Zar pudo establecer ese vínculo y por qué involucrar a Charles Darwin si su objetivo era perseguir a los judíos, considerando que no era una figura destacada en la Rusia de 1900.

La afirmación sobre "organizar los éxitos del darwinismo" despierta curiosidad, dado que Darwin vivía como un caballero en una enorme finca con múltiples sirvientes, pero no recibía salario por su trabajo y sólo obtuvo modestas ganancias con sus libros. A pesar de recibir una herencia de su padre, no parecía suficiente para mantener su elevado nivel de vida.

Pocos libros han abordado en detalle las finanzas de Darwin, con la excepción de Darwin Revalued (1955) de Sir

Arthur Keith. En este raro libro, Keith reveló, tras revisar los libros contables de Darwin, que en sus primeras operaciones tuvo pequeñas pérdidas, pero en todas sus inversiones posteriores sólo hubo ganancias, algunas a gran escala. Este éxito inusual plantea interrogantes sobre su causa.

Keith intentó explicarlo aludiendo a la diversidad de actividades que Darwin podía llevar a cabo, desde la reflexión sobre la vida hasta la realización exitosa de negocios financieros. Sugirió que The Times le ayudó, y que después de comer, mientras leía el periódico, se mantenía al tanto de los movimientos de las acciones que le interesaban, contando con un agente de bolsa y un abogado en Londres para hacer negocios por él.

Sin embargo, en lugar de elecciones fortuitas en los periódicos, podría plantearse la posibilidad de que las triunfantes inversiones de Darwin fueran resultado de una cuidadosa orientación por parte de poderes financieros. Esto también podría explicar la buena suerte de su hijo al obtener una sociedad bancaria a los 22 años, a pesar de la falta de experiencia de él y su familia en ese ámbito. Como creacionista, el concepto de "casualidad" resulta cuestionable en estos casos.

Volviendo a los Protocolos, su mensaje se percibe como profundamente maligno. A menudo se les califica de "torpe falsificación", pero impresiona cómo exponen con sofisticados detalles el mismo plan de conquista global que se desarrolla actualmente, incluyendo aspectos como el gobierno mundial, la banca, el uso del socialismo, el comunismo, la revolución y la masonería, el intento de destrucción del cristianismo y el establecimiento del Anticristo en su trono.

Los ejemplos extraídos de los Protocolos, evitando distorsionar su contenido mediante citas selectivas, revelan su sorprendente alcance y precisión. Se anima a los lectores a examinarlos en su totalidad para formarse su propio juicio.

En cuanto al gobierno mundial, afirman: "Por todos estos medios, desgastaremos de tal manera a los 'goyim' que se verán obligados a ofrecernos un poder internacional de una naturaleza que por su posición nos permitirá sin ninguna violencia absorber gradualmente todas las fuerzas estatales del mundo y formar un supergobierno." (Protocolo 5:11) "No les daremos la paz hasta que reconozcan abiertamente nuestro supergobierno internacional, y con sumisión." (Protocolo 9:4)

Sobre la revolución y la destrucción de reyes y nobleza para reducir a todos a un ejército de peones, señalan: "En los tiempos en que los pueblos miraban a los reyes en sus tronos como a una pura manifestación de la voluntad de Dios, se sometían sin murmurar al poder despótico de los reyes: pero desde el día en que se insinuó en sus mentes la concepción de sus propios derechos comenzaron a considerar a los ocupantes de los tronos como simples mortales ordinarios. La santa unción del Ungido del Señor ha caído de las cabezas de los reyes a los ojos de la gente, y cuando también se les robó su fe en Dios la fuerza del poder fue arrojada a las calles. . . ." (Protocolo 5:3) "En todos los rincones de la tierra las palabras 'Libertad, Igualdad, Fraternidad' atrajeron a sus filas, gracias a sus agentes ciegos, a legiones enteras que enarbolaban sus banderas con entusiasmo. Y todo el tiempo estas palabras eran gusanos-canceras que trabajaban horadando el bienestar de los goyim, acabando en todas partes con la paz, la tranquilidad, la solidaridad y destruyendo todos los cimientos de los Estados goyim. Como se verá más adelante, esto les ayudó a su triunfo: les dio la posibilidad, entre otras cosas, de tener en sus manos la carta maestra: la destrucción de los privilegios o, en otras palabras, de la existencia misma de la aristocracia de los goyim, esa clase que era la única defensa que tenían los pueblos y los países contra ellos." (Protocolo 1:26)

Respecto a la revolución y el establecimiento del Anticristo, declaran: "Aparecen en escena como supuestos salvadores del trabajador de esta opresión cuando le proponen ingresar en las filas de sus fuerzas combatientes -socialistas, anarquistas, comunistas...-. Por la necesidad y la envidia y el odio que engendra moverán a las turbas y con sus manos aniquilarán a todos los que les estorben en su camino. Cuando llegue la hora de que su soberano señor de todo el mundo sea coronado, será estas mismas manos las que barrerán todo lo que pueda ser un obstáculo para ello." (Protocolos 3:7-9)

La revolución destruiría los bienes de los enemigos ricos, pero nunca los de los propios conspiradores: "Estas turbas se apresurarán encantadas a derramar la sangre de aquellos a quienes, en la simplicidad de su ignorancia, han envidiado desde la cuna, y cuyas propiedades podrán entonces saquear. A los 'suyos' no los tocarán, porque conocerán el momento del ataque y tomarán medidas para proteger a los suyos." (Protocolos 3:11-12)

Y nuevamente sobre el Anticristo venidero: "Han estado llevando a los pueblos de un desencanto a otro, para que al final se aparten también de ellos en favor de ese rey-despojo de la sangre de Sión, a quien están preparando para el mundo." (Protocolo 3:15)

Una vez más, con sombras del "Gran Hermano" de Orwell: "Su gobierno tendrá la apariencia de una tutela paternal patriarcal por parte de su gobernante. Su propia nación y sus súbditos discernirán en su persona a un padre que cuida de cada una de sus necesidades, de cada uno de sus actos, de cada una de sus interrelaciones como súbditos entre sí, así como de sus relaciones con su gobernante. Entonces estarán tan profundamente imbuidos de la idea de que les es imposible prescindir de esta tutela y guía, si desean vivir en paz y tranquilidad, que reconocerán la autocracia de su gobernante con una devoción rayana en la 'apoteosis' [glorificación como un dios] . . . ." (Protocolo 15:20)

Los Protocolos abordan la explotación del voto, que han convertido en el instrumento que los colocará en el trono del mundo (Protocolo 10:5). Y mucho antes de que presidentes enviaran tropas a guerras no declaradas y las "órdenes ejecutivas" empezaran a anular la Constitución, se jactaban: "En un futuro próximo establecerán la responsabilidad de los presidentes. . . .organizarán elecciones a favor de aquellos presidentes que tengan en su pasado alguna mancha oscura no descubierta - entonces serán agentes dignos de confianza para la realización de sus planes . . . . Otorgarán al presidente el derecho de declarar el estado de guerra. Justificarán este último derecho sobre la base de que el presidente, como jefe de todo el ejército, debe tenerlo a su disposición... . El presidente, a su discreción, interpretará el sentido de las leyes existentes que admitan varias interpretaciones; las anulará además cuando se le indique la necesidad de hacerlo, además de esto, tendrá el derecho de proponer leyes temporales, e incluso nuevas salidas en el funcionamiento constitucional del gobierno, siendo el pretexto tanto para lo uno como para lo otro los requisitos para el bienestar supremo del Estado." (Protocolos 10:11, 13, 16)

En cuanto a la destrucción del cristianismo mediante una estrategia de "divide y vencerás": "Desde hace mucho tiempo se han ocupado de desacreditar el sacerdocio de los gentiles, y de arruinar así su misión en la tierra, que en estos días podría ser todavía un gran obstáculo para ellos. Día tras día su influencia sobre los pueblos del mundo es cada vez menor. La libertad de conciencia ha sido declarada en todas partes, de modo que ahora sólo les separan años del momento del completo naufragio de esa religión cristiana: en cuanto a otras religiones, tendrán aún menos dificultades para tratar con ellas, pero sería prematuro hablar de esto ahora. . . . no pondrán abiertamente un dedo sobre las iglesias existentes, pero lucharán contra ellas mediante críticas calculadas para producir el cisma." (Protocolos 17:2, 5)

Se ha discutido el control omnipresente de los medios de comunicación. Los Protocolos declaran: "Deben obligar a los gobiernos de los gentiles a actuar en la dirección favorecida por su plan ampliamente concebido, que ya se aproxima a la consumación deseada, mediante lo que representarán como opinión pública, promovida secretamente por ellos a través de los medios de ese llamado Gran Poder - la prensa, que, con unas pocas excepciones que pueden ser ignoradas, ya está enteramente en sus manos." (Protocolo 7:5) "Ni un solo anuncio llegará al público sin su control. Incluso ahora esto ya se está logrando en la medida en que todas las noticias son recibidas por unas pocas agencias, en cuyas oficinas se concentran desde todas las partes del mundo. Estas agencias serán entonces ya enteramente suyas y darán publicidad sólo a lo que ellos les dicten." (Protocolo 12:5)

"Y si hay alguien deseoso de escribir contra ellos, no encontrará a nadie deseoso de imprimir sus producciones. Antes de aceptar cualquier producción para su publicación impresa, el editor o impresor tendrá que solicitar permiso a las autoridades para hacerlo. Así sabrán de antemano todos los trucos que se preparan contra ellos y los anularán adelantándose con explicaciones sobre el tema tratado." (Protocolo 12:7)

Incluso habrá una falsa prensa de oposición que "los presentará lo que parece estar en las antípodas. Sus verdaderos adversarios de corazón aceptarán esta oposición simulada como propia y les mostrarán sus cartas. Todos sus periódicos serán de todas las complexiones posibles: aristocráticos, republicanos, revolucionarios, incluso anárquicos... Aquellos tontos que crean estar repitiendo la opinión de un periódico de su propio bando estarán repitiendo su opinión." (Protocolos 12:11-12)

Podría sugerirse que tanto el National Review de William F. Buckley (dirigido a los conservadores de cuello blanco) como Rush Limbaugh (dirigido a los conservadores de cuello azul) entran en esta categoría de "falsa oposición". Buckley era miembro del Consejo de Relaciones Exteriores y de la supersecreta Skull and Bones, y hace tiempo que se rumorea que fundó National Review con financiación de la CIA (para la que indiscutiblemente trabajaba). Al igual que Limbaugh, Buckley ridiculizaba las "teorías de la conspiración", al tiempo que daba a los conservadores la cómoda seguridad de que tenían representación dentro de los medios de comunicación.

Como en 1984 de Orwell, la historia sería alterada: "Borrarán de la memoria de los hombres todos los hechos de los siglos anteriores que les sean indeseables, y dejarán sólo aquellos que describan todos los errores del gobierno de los goyim." (Protocolo 16:4)

Como es habitual en los países totalitarios, los ciudadanos se espiarán unos a otros: "Un tercio de sus súbditos mantendrá al resto bajo observación. . . . Entonces no será una desgracia ser espía e informador, sino un mérito . . . ." (Protocolo 17:7)

Se han discutido las políticas inflacionarias mediante las cuales controlan la oferta monetaria, destruyendo el nivel de vida: "Aumentarán la tasa de salarios, lo cual, sin embargo, no traerá ninguna ventaja a los trabajadores, pues, al mismo tiempo, producirán un alza en los precios de las primeras necesidades de la vida . . ." (Protocolo 6:7)

También se ha hablado de la estrategia de controlar a los gobiernos mediante préstamos: "Los préstamos penden como una espada de Damocles sobre las cabezas de los gobernantes, quienes, en lugar de tomar de sus súbditos mediante un impuesto temporal, vienen mendigando con las palmas extendidas a sus banqueros. . . . Si un préstamo tiene un recargo del 5 por ciento, entonces en veinte años el Estado paga en vano en intereses una suma igual al préstamo tomado, en cuarenta años está pagando una suma doble, en sesenta - el triple, y todo el tiempo la deuda sigue siendo una deuda impagada. . . . cuando reunieron a las personas necesarias para transferir los préstamos a la esfera exterior, toda la riqueza de los Estados afluyó a sus cajas y todos los gentiles empezaron a pagarles el tributo de súbditos. . . ." (Protocolos 20:29, 30, 32)

Los Protocolos dicen además: "Para que las masas no adivinen de qué se trata, las distraerán aún más con diversiones, juegos, pasatiempos, pasiones, palacios populares. Pronto comenzarán, a través de la prensa, a proponer competiciones de arte, de deporte de todo tipo." (Protocolo 13:3)

Publicados por primera vez en Rusia en 1903, los Protocolos predijeron con notable exactitud un mundo dominado por las diversiones, considerando que los Juegos Olímpicos se habían recuperado en 1896 y los deportes para espectadores con ligas profesionales estaban naciendo. Si los Protocolos son una mera falsificación, surge la pregunta de cómo la policía del Zar pudo prever este escenario.

Pero, ¿qué hay de la afirmación de que los Protocolos eran falsos? Después de la caída del Zar, todas las copias conocidas en Rusia fueron destruidas, siendo un delito capital poseerlos. Aparecieron por primera vez en inglés en 1920, tras el regreso a Inglaterra del periodista británico Victor Marsden, quien había sufrido prisión bajo el régimen bolchevique y tradujo una copia del Museo Británico. Murió al cabo de un año.

La reacción a la traducción inglesa fue rápida y furiosa. En 1921, Philip Graves, corresponsal en Constantinopla del London Times, publicó una serie de artículos afirmando que los Protocolos eran una falsificación. Según Graves, un misterioso "Sr. X", al que nunca identificó, le había proporcionado pruebas de que habían sido plagiados de una novela satírica de 1864, El diálogo en el infierno entre Maquiavelo y Montesquieu, del francés Maurice Joly. El "Sr. X" le entregó una copia.

Graves elaboró una docena de citas del Diálogo y las contrastó con pasajes similares de los Protocolos. Aunque los extractos no eran idénticos, el parecido era innegable. Desde entonces, se ha proclamado ampliamente que Graves refutó los Protocolos como un engaño.

Sin embargo, como el libro de Joly era raro, poca gente pudo leerlo para verificar las acusaciones de Graves. El investigador australiano Peter Myers, tras un exhaustivo análisis de ambas obras, informa que sólo el 16,45% de los Protocolos tiene correlación con la obra de Joly, dejando más del 83% en paradero desconocido.

La premisa del argumento de falsificación de Graves era que si dos libros se parecen, el segundo debe haber sido plagiado del primero. Pero existen otras explicaciones, como que ambos se basaran en las mismas fuentes.

Los tres evangelios "sinópticos" de la Biblia -Mateo, Marcos y Lucas- contienen algunos pasajes sorprendentemente similares, casi literales en algunos casos. Sin embargo, no se conoce a ningún cristiano que insista en que dos de los tres fueron, por tanto, "falsificaciones". En cambio, los eruditos bíblicos creen que los autores compartieron alguna(s) fuente(s), como un hipotético manuscrito ahora perdido llamado Q.

Una relación similar podría explicar el parecido entre los Protocolos y el Diálogo de Joly. Según William Guy Carr y otros analistas, los Protocolos se originaron en el siglo XVIII y acabaron ampliándose con modificaciones. Joly, un revolucionario, escribió el Diálogo como una sátira contra Napoleón III, a quien esperaba derrocar. La mayoría de los revolucionarios franceses eran masones. ¿Conoció Joly documentos secretos en una logia masónica del Gran Oriente? De ser así, podría haber incorporado parte de lo que leyó a su sátira. En ese caso, se podría decir con más exactitud que la novela de Joly fue falsificada a partir de los Protocolos (una versión temprana) y no viceversa.

No se puede demostrar la autenticidad de los Protocolos; sin embargo, predijeron acontecimientos mundiales con una exactitud demostrable. ¿Quién los escribió? Henry Makow aboga por los Rothschild, especialmente Lionel Rothschild (1808-1879). Los Protocolos revelan un profundo conocimiento del funcionamiento de la banca internacional, que debería haber superado las capacidades de la policía del Zar. ¿Y quiénes eran los Sabios de Sión? El general zarista Conde Cherep-Spiridovich creía que eran el Comité de los 300. Obviamente, los Protocolos son obra de un pequeño círculo íntimo, y no podrían atribuirse a un grupo amplio, como la raza judía.

Existe un debate considerable sobre por qué se hicieron públicos los Protocolos. Fueron publicados originalmente por el profesor ruso Sergei Nilus, quien dijo que los había obtenido a través de la amante de un miembro del cártel: ella se había escandalizado al descubrirlos entre sus efectos. Pero hay quien duda de que hubieran sido tan descuidados con sus documentos.

Unos pocos creen que, previendo la exposición, el cártel deliberadamente dejó escapar sus planes - pero con un giro judío para distraer de su verdadera naturaleza. Se sabe que la conspiración es en última instancia satánica, no judía.

Otra teoría: querían atizar el antisemitismo dentro de Rusia para ayudar a desencadenar la revolución, así como llevar a los judíos jázaros a Palestina; pero cuando los Protocolos se filtraron accidentalmente a Inglaterra, el documento tuvo que ser suprimido sin piedad.

No se descarta que esto fuera "en tu cara" - están tan seguros de la victoria que pueden revelar su plan y no se podrá hacer nada al respecto. Parece estar en la naturaleza orgullosa de Satanás jactarse, para que su malvado ingenio pueda ser admirado.

Para sacar mejor sus propias conclusiones, se sugiere que la gente lea los Protocolos. Pueden ser lo más cercano al plan de Satanás que se pueda encontrar.

Capítulo 19 - Tiranía Cibernética

La sociedad avanza hacia un futuro sin dinero en efectivo, donde las transacciones electrónicas reemplazan cada vez más al dinero físico. Desde la gasolina hasta las compras en el supermercado, las tarjetas se han convertido en el método de pago predominante.

Algunos podrían argumentar que las transacciones electrónicas son simplemente el resultado del progreso tecnológico y que se utilizan por su conveniencia. También destacan los beneficios que ofrecen, como descuentos en tarjetas de crédito y la reducción del papeleo en los bancos, lo cual es bueno para el medio ambiente.

Sin embargo, se sugiere que el objetivo es mucho más ambicioso: la conveniencia y las devoluciones en efectivo son señuelos para llevar a la población hacia una era sin dinero físico. Las transacciones electrónicas podrían ser un puente hacia un punto en el que, según las profecías, el Anticristo controlará todo el comercio, obligando a todos a recibir una marca sin la cual no podrán comprar ni vender (Apocalipsis 13:16-17).

En Estados Unidos, se aprobó en 2005 la Ley de Identificación Real, que exige a los estados emitir licencias de conducir vinculadas a una base de datos nacional, con el pretexto de combatir el terrorismo y proteger contra el robo de identidad. Muchos estados se oponen, considerándolo un paso significativo hacia un documento nacional de identidad.

Es probable que en el futuro se implemente un documento nacional de identidad necesario para realizar cualquier trámite. Una vez que alguien sea clasificado como políticamente inaceptable, todas sus transacciones podrían volverse imposibles, cumpliendo así la profecía sobre el control del Anticristo sobre la compra y venta. Con los activos en formato electrónico, los burócratas del gobierno podrían vaciar cuentas bancarias con solo pulsar unas teclas.

Algunos podrían objetar que se supone que el Anticristo pondrá una marca en las manos o frentes. Sin embargo, después del documento nacional de identidad, podrían venir los chips implantables, que ya han sido aprobados por la FDA. En 2002, se lanzó una campaña para promocionar el VeriChip, un dispositivo implantable del tamaño de un grano de arroz que emite una señal de radiofrecuencia con un número de identificación único. Los clientes rellenan un formulario detallando la información que desean vincular a su chip.

En el futuro, el gobierno podría apropiarse de estos dispositivos para mantener archivos sobre la población, rastrear su ubicación e incluso transmitir señales potencialmente dañinas. A pesar de las ventajas que se destacan, como la posibilidad de encontrar mascotas perdidas, niños secuestrados o personas con Alzheimer extraviadas, así como el acceso rápido a información médica en emergencias, se argumenta que estas ventajas son necesarias para convencer a la gente de aceptar los chips, que en última instancia podrían usarse para una vigilancia y un control malévolos.

En cuanto a Internet, a pesar de ser un lugar fantástico para comprar e investigar, probablemente sea también el mayor sistema de espionaje del mundo. Aunque se cuente con medidas de seguridad en las computadoras, se sugiere que el software no frustrará a las agencias de inteligencia, ya que las empresas que lo fabrican dependen del gobierno para obtener licencias y permisos. Si las autoridades exigen acceso por razones de seguridad nacional, las empresas de software no pondrán obstáculos.

Se plantea la posibilidad de que el gobierno pueda conocer cualquier cosa sobre cualquier persona a través de la lectura del correo electrónico, la tabulación de encuestas en línea, la vigilancia de las páginas web visitadas, las compras realizadas y los extractos bancarios electrónicos. Aunque las agencias de inteligencia no tengan suficiente personal para vigilar a todos los ciudadanos, se sugiere que tienen la capacidad de vigilar a aquellos que les interesan.

Se especula sobre la posibilidad de que las computadoras de los servicios de inteligencia vayan al menos 15 años por delante de las computadoras domésticas y que el gobierno pueda copiar todos los discos duros del país conectados a Internet, almacenando esa información en supercomputadoras para su posterior filtrado mediante búsquedas de palabras clave.

También se mencionan pruebas anecdóticas de que los últimos modelos de televisores transmiten además de recibir, lo que le daría al gobierno un ojo y un oído en cada habitación equipada con televisión, especialmente con la exigencia de actualizar a la televisión digital y la promoción de televisores de pantalla ancha. Además, se señala que el tráfico de los teléfonos móviles puede ser interceptado.

Se concluye que la recopilación de información ha sido durante mucho tiempo la clave para ganar guerras y que esto no será menos cierto durante la supuesta guerra del Anticristo contra los santos.

Capítulo 20 - Guerra Secreta Contra La Vida

Robert McNamara, presidente del Banco Mundial, advirtió que el crecimiento demográfico sería el mayor desafío mundial, después de una guerra nuclear. Afirmó que sin reducir la natalidad o aumentar la mortalidad, no habría solución. Mencionó que la guerra, el hambre y las enfermedades aún frenaban el crecimiento poblacional.

Bertrand Russell sugirió que una peste negra periódica permitiría procrear libremente sin saturar el planeta. Aunque reconoció lo desagradable de la idea, cuestionó su importancia.

El príncipe Felipe expresó su deseo de reencarnar como un virus letal para resolver la superpoblación.

Ted Turner consideró ideal una población mundial de 250-300 millones.

Jacques Cousteau propuso eliminar a 350,000 personas diarias para estabilizar la población.

Paul Watson abogó por reducir la población a menos de mil millones.

Zbigniew Brzezinski afirmó que hoy es más fácil matar a un millón de personas que controlarlas.

Estas citas reflejan opiniones elitistas sobre la población. Algunos cuestionan por qué estos personajes no comienzan por ellos mismos.

Aunque se difunden justificaciones para reducir la población, Occidente enfrenta subpoblación. La tasa de fecundidad de la UE es solo 1.5, muy por debajo del nivel de reemplazo de 2.1.

La Tierra parece superpoblada solo en zonas urbanas. Si toda la población viviera en Texas, cada persona tendría más de 110 m² de espacio.

Se afirma que faltan alimentos para una gran población, pero los agricultores usan menos de la mitad de la tierra cultivable. La solución al hambre es producir más alimentos, no reducir la población.

La reducción poblacional se opone al mandato divino de "Creced y multiplicaos".

Los Illuminati desean menos población para:

- Facilitar el control del Anticristo

- Disponer de más recursos

- Satisfacer su impulso satánico de matar

El aborto, que ha eliminado 40 millones de bebés en EE.UU., se introdujo para reducir la población. La eugenesia y el control de natalidad tienen el mismo propósito.

Los cristianos conservadores se oponen al aborto, pero desconocen otro método de despoblación en marcha.

La autora, enfermera con 40 años de experiencia, ha observado daños causados por vacunas. Menciona casos de discapacidad tras vacunaciones y el aumento del autismo desde la introducción de la vacuna triple vírica.

Expertos como Bernard Rimland y David Ayoub afirman que las vacunas causan autismo. La Dra. Jaquelyn McCandless explica cómo las vacunas dañan el sistema inmunitario de niños susceptibles.

Estudios muestran que niños autistas presentan toxicidad por mercurio, probablemente de vacunas.

El autismo y otras enfermedades crónicas han aumentado significativamente desde que se generalizaron las vacunas en 1960.

Expertos como Ted Koren y Howard Urnovitz asocian las vacunas con diversas enfermedades crónicas y cánceres.

Se cuestiona la eficacia de las vacunas y se sugiere que pueden causar más daño que beneficio.

Algunos expertos consideran que las vacunas se utilizan para probar armas biológicas y genocidio selectivo.

Se vincula el programa de vacunación de la OMS con la pandemia de SIDA en África.

Bill Gates ha donado miles de millones para vacunas mientras advierte sobre la superpoblación, lo que parece contradictorio.

Se sugiere que las vacunas están diseñadas para actuar lentamente, dificultando establecer una relación causa-efecto.

Se plantea que algunos virus podrían ser agentes genocidas fabricados, y que las vacunas se convirtieron en el arma preferida por su distribución controlable.

La industria farmacéutica se beneficia de un círculo vicioso de dependencia medicamentosa creado por las vacunas.

Se cuestiona la atribución automática de enfermedades a la voluntad de Dios, sugiriendo que algunas pueden ser obra de Satanás o consecuencia de acciones humanas.

Se proponen algunas medidas para contrarrestar los efectos de las vacunas, como homeopatía, quelación, dieta saludable y aumento del consumo de agua.

Capítulo 21 – Plandemia

En los capítulos anteriores hemos analizado cómo un poderoso cártel global, dirigido en última instancia por adoradores de Lucifer, ha estado detrás de muchos de los principales acontecimientos históricos, desde guerras hasta revoluciones. Sin embargo, la humanidad acaba de experimentar un evento catastrófico que parece encajar perfectamente en su agenda: la pandemia de Covid-19.

Desde su repentina aparición a finales de 2019, el coronavirus ha causado un enorme sufrimiento humano y trastornos sociales y económicos en todo el mundo. Los gobiernos respondieron con cierres masivos, toques de queda, mandatos de mascarillas y una presión implacable para que todos se vacunaran. Aunque presentadas como medidas de salud pública, estas políticas draconianas parecen diseñadas más para aumentar el control gubernamental que para proteger a los ciudadanos.

Consideremos primero los orígenes del Covid-19. La explicación oficial es que el virus se originó en murciélagos y saltó naturalmente a los humanos, posiblemente a través de un animal intermedio en un "mercado húmedo" en Wuhan, China. Sin embargo, cada vez hay más pruebas de que el virus en realidad se filtró -o fue liberado deliberadamente- del Instituto de Virología de Wuhan, donde se realizaban investigaciones de "ganancia de función" en coronavirus para hacerlos más infecciosos para los humanos.

Esta investigación de alto riesgo fue en parte financiada por los Institutos Nacionales de Salud de Estados Unidos, a través de la organización EcoHealth Alliance del Dr. Peter Daszak. Curiosamente, cuando la Organización Mundial de la

Salud envió un equipo a China para investigar los orígenes de la pandemia, Daszak fue incluido, a pesar de su evidente conflicto de intereses. No es sorprendente que el equipo descartara rápidamente la teoría de la fuga del laboratorio.

Estas circunstancias sospechosas sugieren que la pandemia pudo haber sido planeada, o al menos aprovechada, por los poderes fácticos para promover su agenda. Después de todo, los bloqueos y otras restricciones han devastado a las pequeñas empresas y han hecho a las personas más dependientes del gobierno. Las políticas de vacunación obligatoria han socavado la libertad médica y la privacidad. Y el cambio masivo al trabajo y la educación en línea ha facilitado la vigilancia digital.

Además, la respuesta a la pandemia ha enriquecido enormemente a las grandes farmacéuticas y tecnológicas afiliadas al cártel. Pfizer, Moderna y Johnson & Johnson han obtenido miles de millones con las vacunas Covid, que recibieron una autorización apresurada a pesar de las preocupaciones sobre su seguridad y eficacia. Mientras tanto, Amazon, Zoom y otras empresas que facilitan la vida a distancia han registrado ganancias récord.

Sin embargo, el aspecto más siniestro de la pandemia puede ser la propia vacunación masiva. Como se discutió en el capítulo sobre la guerra secreta contra la vida, las vacunas han causado devastación desde que se introdujeron por primera vez, provocando numerosas enfermedades crónicas. Las vacunas Covid son especialmente preocupantes, dada la novedosa tecnología de ARNm que utilizan para reprogramar las células del cuerpo para producir proteínas de pico.

Se han reportado muchas lesiones graves e incluso muertes después de recibir las inyecciones de Covid. El Sistema de Notificación de Eventos Adversos a las Vacunas (VAERS) de los CDC ha registrado cientos de miles de eventos adversos, incluidos coágulos sanguíneos, ataques cardíacos, derrames cerebrales, parálisis e incluso abortos espontáneos en mujeres embarazadas. Sin embargo, los principales medios de comunicación han ignorado o minimizado estos informes, mientras las redes sociales han censurado las discusiones sobre los daños de las vacunas.

Aún más inquietante, algunas de las figuras clave detrás del desarrollo y promoción de las vacunas Covid tienen vínculos con la eugenesia y la despoblación. El principal entre ellos es Bill Gates, cuya Fundación Gates ha gastado miles de millones en vacunas y control de la población en los países en desarrollo. Gates ha declarado abiertamente que las vacunas podrían usarse para reducir el crecimiento de la población en un 10-15%.

El principal desarrollador de la vacuna Covid de AstraZeneca es Adrian Hill del Instituto Jenner, quien previamente encabezó los esfuerzos para desarrollar una vacuna anticonceptiva. Uno de los mayores inversores en Moderna es la Fundación Tides, que apoya causas izquierdistas, incluido el aborto. Y los lazos eugenésicos de la familia Rockefeller, que ayudó a establecer la industria farmacéutica moderna, se remontan a hace un siglo.

Ciertamente, los luciferinos del establishment ven la pandemia de Covid como una oportunidad para avanzar en su sueño transhumanista de fusionar a los humanos con la tecnología. Klaus Schwab, fundador del Foro Económico Mundial, ha aprovechado la crisis para promover su visión de un "Gran Reinicio" que "fusionará nuestras identidades físicas, digitales y biológicas". Yuval Noah Harari, el principal asesor de Schwab, ha declarado abiertamente que "los humanos se están convirtiendo en dioses" a través de tecnologías como la edición de genes y la inteligencia artificial.

Si estas inyecciones realmente contienen tecnología genética transhumanista capaz de corromper permanentemente el genoma humano, eso explicaría la presión implacable para vacunar a cada hombre, mujer y niño del planeta. Mediante la alteración del "gen de Dios" que hace humanos a los humanos, los arquitectos de esta agenda podrían crear una nueva forma de vida pos-humana, una que Dios no podría redimir.

Una abominación tan radicalmente antihumana sólo podría ser concebida por una mente infestada de demonios. Y ciertamente, encajaría con la descripción bíblica de la "marca de la bestia" que los adoradores del Anticristo recibirán en los últimos días. Sin conocimiento, discernimiento espiritual y la gracia de Dios, la humanidad podría de hecho tomar una "vacuna" que los condene eternamente.

Al plantear esta terrible posibilidad no se busca alarmar innecesariamente, sino alertar. Así como el Titanic ignoró las advertencias sobre el hielo en su curso, la humanidad se dirige hacia un desastre si no despertamos al peligro. Como ciudadanos, debemos exigir una investigación completa de los orígenes de Covid-19, una reevaluación honesta de las políticas pandémicas fallidas y una moratoria sobre los mandatos de vacunas.

Capítulo 22 - Cuando El Cielo Se Torna Hostil

Desde la creación, Dios ha dado forma al cielo y la Tierra, tal como se describe en el libro de Job, capítulo 38, donde se habla de Su dominio sobre los elementos naturales como la nieve, el granizo, la luz, el viento, los truenos, la lluvia y el hielo.

Sin embargo, la manipulación humana de los elementos va más allá de lo comúnmente pensado. Desde el final de la Segunda Guerra Mundial, se ha evidenciado la siembra de nubes para inducir precipitaciones, técnica empleada por el ejército estadounidense durante la guerra de Vietnam. Actualmente, se realizan modificaciones climáticas sofisticadas.

Zbigniew Brzezinski citó al geofísico Gordon J. F. MacDonald, quien afirmó que las técnicas de modificación climática podrían emplearse para generar sequías o tormentas prolongadas, debilitando a una nación y obligándola a ceder ante las exigencias de un adversario.

En 1972, Estados Unidos y Rusia firmaron un tratado prohibiendo la inducción de maremotos, terremotos y tornados. William S. Cohen, Secretario de Defensa durante la administración Clinton, declaró que hay quienes se dedican al terrorismo ecológico, alterando el clima, provocando terremotos y activando volcanes a distancia mediante ondas electromagnéticas.

Nikola Tesla demostró que las ondas electromagnéticas podían modificar las condiciones atmosféricas. Los rusos fueron los primeros en aplicar su tecnología, seguidos por Estados Unidos. El clima puede manipularse mediante ondas de frecuencia extremadamente baja (ELF) dirigidas desde satélites o transmisores terrestres.

Es posible alterar corrientes en chorro, crear zonas de presión, desviar o intensificar huracanes, e incluso desencadenar terremotos o tsunamis mediante descargas concentradas de energía electromagnética. En los últimos tiempos, se ha presenciado un aumento exponencial de catástrofes naturales.

Algunos grupos poderosos estarían utilizando el clima, junto con la guerra, las enfermedades y el aborto, como parte de una campaña de control demográfico. Los desastres meteorológicos casi siempre afectan a personas y zonas consideradas "prescindibles", mientras que rara vez se ve afectada la élite. Además, los contratos de reconstrucción tras estos desastres van a parar a las mismas empresas que se beneficiaron de la guerra de Irak.

La respuesta al interrogante de por qué no destruir todo el planeta de una vez, si realmente existiera un plan de control demográfico, es que no quedaría nadie para ser controlado. Los que buscan el poder gobiernan a través de una jerarquía y deben prometer beneficios a sus miembros, haciéndoles creer que gobernarán la Tierra permanentemente, mientras que un remanente de la población servirá como sus subordinados.

No se atribuyen todos los desastres meteorológicos a la manipulación ELF, pero tampoco se debe caer en el extremo opuesto. Cuando el clima catastrófico golpea, no se debe decir automáticamente que fue la voluntad del Señor, ya que se podría estar haciendo de Dios el autor del mal.

En los últimos años, ciertos aviones han estado dejando grandes estelas de productos químicos, conocidas como "chemtrails". El análisis del suelo en zonas afectadas sugiere que su composición incluye aluminio y bario, dañando cultivos, alterando el pH del suelo, provocando la caída de la corteza de los árboles y afectando a los insectos. El aluminio también es un acelerador del fuego, lo que podría explicar el aumento de los incendios forestales masivos.

El objetivo de los chemtrails parece ser la vegetación, dañando las fuentes de alimentos del mundo, lo que podría utilizarse como justificación para un mayor control de la población. Al parecer, también pretenden que se empiece a depender de alimentos sintéticos, modificados genéticamente y semillas de corporaciones. Algunos creen que los chemtrails están electrificando la atmósfera para hacer más efectivas las supuestas armas meteorológicas.

Capítulo 23 - La Llegada Del Déspota

Las Escrituras advierten sobre un falso profeta que engañará a la humanidad con prodigios sobrenaturales. Tendrá el poder de dar vida a la imagen de la bestia, haciéndola hablar y matando a quienes no la adoren.

Durante siglos, se ha debatido cómo esta imagen del Anticristo se manifestaría visiblemente para todos. Aunque algunos propusieron la televisión, es fácil apagarla. La respuesta podría estar en tecnologías más avanzadas.

El periodista Serge Monast investigó el "Proyecto Blue Beam" antes de su repentina muerte. Sus hallazgos podrían explicar este enigma bíblico.

La Fuerza Aérea de EE.UU. muestra en su web un caza proyectando un holograma 3D de sí mismo, una tecnología para confundir al enemigo que demuestra lo avanzado de los hologramas actuales. Incluso en atracciones como la casa encantada de Disney World, hay hologramas de fantasmas junto a los visitantes.

El Informe de Iron Mountain de los 60 analizó formas de control social sin guerra. Se consideró simular una amenaza extraterrestre, pero se descartó por limitaciones tecnológicas:

"La credibilidad es clave para sustituir políticamente la guerra. Una amenaza externa podría unir a la humanidad contra un peligro común. Se han propuesto experimentos para evaluar una invasión extraterrestre simulada; algunos avistamientos ovni inexplicables podrían haber sido pruebas de este concepto. Si es así, no son alentadoras."

Pero la tecnología ha avanzado mucho, y los avistamientos ovni son más frecuentes. Las visitas reales de alienígenas son casi imposibles por las enormes distancias y límites físicos de los viajes espaciales.

Los rumores sobre Roswell, el Área 51 y autopsias alienígenas podrían ser parte de una estrategia gubernamental para fomentar la creencia en visitas extraterrestres. La mayoría de "avistamientos" ovni probablemente sean hologramas proyectados, una tecnología que permite generar imágenes convincentes en el cielo.

Monast sugiere que, en los últimos tiempos, la imagen de la bestia podría ser hologramas proyectados desde satélites. Todos la verían en el cielo, sin poder "apagarla". En Occidente, podría aparecer como Cristo, mientras que otras regiones verían a sus figuras religiosas principales.

Además, existe tecnología que transmite mensajes audibles directamente al sistema nervioso humano con microondas. Desarrollada con fines militares, podría usarse para hacer que la gente "escuche" la voz de la imagen holográfica, adaptada a cada idioma.

La combinación de una imagen 3D convincente y una voz que parece resonar en la mente de cada uno podría ser muy persuasiva. La figura celestial se proclamaría como la verdadera divinidad, instando a todos a obedecerla.

El Anticristo probablemente se presente como un salvador durante una crisis global, ya sea guerra, pandemias, hambrunas, desastres naturales o incluso una falsa invasión alienígena. Al haber orquestado estas calamidades, le sería fácil "resolverlas", ganándose la adoración de las masas.

Esto recuerda el clímax de "Los Increíbles", donde el villano Síndrome envía un robot destructor contra una ciudad para luego "salvarla" y ser aclamado como héroe. De manera similar, Satanás podría intentar "rescatar" a la humanidad de las catástrofes que él mismo provoca, buscando ser adorado. Pero cualquier "salvación" sería efímera, pues una vez en el poder, desataría su verdadera crueldad sobre el mundo.

Aunque Satanás podría usar poderes sobrenaturales, parece estar construyendo un Anticristo basado en alta tecnología. Cabe preguntarse si esta preferencia por medios tecnológicos sobre los sobrenaturales podría deberse al temor de una intervención divina directa en respuesta.

Epílogo

A pesar de las constantes caricaturas que representan a un lunático anunciando el fin del mundo, es innegable que el desenlace se acerca inexorablemente.

Algunos se preguntan por qué Dios permite esto. No podemos interpretar los designios divinos, pero las Escrituras revelan que Satanás sedujo a una legión de ángeles para que lo siguieran. Quizás se jactó ante las huestes celestiales y los mortales, afirmando que su gobierno es superior al de Dios. Tal vez el Señor permite que Satanás despliegue su reinado para que la humanidad presencie su engaño. Dios no interferirá con el libre albedrío de Satanás, como tampoco lo hace con el nuestro, pues de lo contrario, el Maligno podría argumentar que nunca tuvo una oportunidad. Sin embargo, el Todopoderoso limitará la duración del gobierno despótico de Satanás, aparentemente a tres años y medio, el mismo tiempo asignado al ministerio de gracia de Jesucristo.

A medida que se acerca el Fin de los Tiempos, se sugieren las siguientes recomendaciones:

- Primero, tener fe en Dios, quien enviará a su hijo, Jesucristo, para juzgar a vivos y muertos. Orar para que Él fortalezca y acorte los días de tribulación.

- Mantenerse informado. Casi toda la información necesaria está en Internet.* Aprovéchala pronto, pues la Web podría ser regulada y toda crítica al cártel prohibida.

- Reflexionar cuidadosamente sobre perspectivas alternativas antes de vacunarse o permitir la vacunación de seres queridos.

- Por supuesto, nunca permitir la implantación de un microchip subcutáneo. Tal dispositivo podría ser en última instancia la "marca de la bestia".

- No consentir la división de iglesias por cuestiones triviales. "Divide y vencerás" es la estrategia universal del enemigo.

- Arriesgándose a ofender, se sugiere que todos los creyentes - cristianos, judíos y musulmanes - se unan contra el Anticristo y su Nuevo Orden Mundial, pues esta guerra concierne a todos. No se propone una fusión ecuménica de todas las religiones, precisamente lo que el Anticristo buscará, sino una postura unida por la supervivencia. Confiamos en que la distinción esté clara. En plena batalla, cuando la artillería enemiga dispara, no se puede ser quisquilloso sobre quién comparte la trinchera.

- Aunque se concuerda en principio con el concepto de "guerra justa", el Establecimiento orquesta la mayoría de los conflictos actuales para sus propios fines: genocidio, préstamos gubernamentales y destrucción de naciones en aras del "nuevo orden mundial". Se exhorta a los lectores a no dejarse llevar por el fervor bélico ni a creer rápidamente historias atroces sobre otras naciones. Se anima a cristianos, musulmanes, judíos y personas de todas las confesiones a abstenerse de la violencia entre ellos y a ignorar las voces que la promueven. Tales voces buscan dividir y conquistar a todos.

- El voto da al pueblo la ilusión de tener poder. Los Illuminati establecieron las elecciones, cuyos resultados manipulan a través de los medios, para entronizar a los políticos y programas que desean. Y como se mencionó, algunos analistas sospechan que los sistemas computarizados

131

de recuento de votos están siendo alterados. Sin embargo, no se pretende disuadir a nadie de votar, postularse, organizar referendos o contactar a sus legisladores. Algunos temas críticos se deciden en el Congreso por márgenes estrechos, y contactar a su senador o congresista puede influir en su voto.

- Oponerse a toda legislación de control de armas. El propósito del control de armas es desarmar a la población para facilitar su sometimiento. Los recientes y prolíficos asesinatos en masa por "lobos solitarios" podrían haber sido, en muchos casos, eventos orquestados para ablandar al público y que acepte el control de armas.

- Investigar la Reserva Federal, una iniciativa fuertemente respaldada por el congresista texano Ron Paul, y retirar a Estados Unidos de la ONU, son también objetivos legislativos pendientes.

- En lo posible, patrocinar negocios locales en lugar de corporaciones globales.

- Se insta a los pastores a informar a sus congregaciones tanto del plan del enemigo como del divino.

- Los activos electrónicos serán los más fáciles de eliminar para los burócratas. En el Fin de los Tiempos, los mejores bienes serán los tangibles y duraderos; bienes reales que se puedan intercambiar.

- Desconfiar de los titulares que comienzan con "Los expertos afirman..." o "Científicos conmocionados al descubrir...". El Establecimiento usa tales prefacios para persuadir al público de confiar en su agenda.

- En los últimos días, no creer cada crimen que las noticias atribuyan a los cristianos, aunque sea "confesado". La tecnología sofisticada actual puede fabricar evidencia, y la tortura puede arrancar confesiones.

- Una breve búsqueda en Internet revelará evidencia de que la FEMA está construyendo campos de concentración por todo Estados Unidos. Se entiende que, llegado el momento, las personas "indeseables" serán arreadas rápidamente, casi de la noche a la mañana. Aparentemente, estos campos no solo se usarán para exterminar, sino también para reeducar. No vayas a estos campos con la intención de evangelizar a los guardias. Probablemente serás electrocutado, drogado o torturado con armas de alta tecnología desconocidas para los santos medievales.

Dado el control total del Establecimiento sobre el gobierno, los medios y la banca, algunos se preguntan si tiene sentido luchar contra esto.

Para responder, se parafrasea a un oficial militar estadounidense retirado cuando se le hizo la misma pregunta. Basado en su experiencia de combate en Vietnam, respondió: "Cuando las cosas se ponen difíciles, estás rodeado y con menos armas, y las cosas se ven sombrías, es cierto que si sigues luchando, puedes perder. Pero, ¿sabes qué? Si te rindes, la derrota es segura. Así que sigue luchando".

Al final, Dios destruirá el cártel satánico. ¿Es posible derrotarlo antes? Unas pocas personas, con determinación e iniciativa, pueden obtener asombrosas victorias contra la tiranía.

Se concluye con una palabra de esperanza. Es verdad que los elitistas del Establecimiento pueden ver sus cuentas bancarias y ver miles de millones de dólares. Y pueden decir: "¿Y ustedes, nuestros adversarios? ¿Qué hay en su cartera?" Bueno, tenemos un activo que los Illuminati no tienen: una mercancía llamada verdad. Y la verdad es más poderosa que cualquier gran mentira que puedan urdir los propagandistas de CNN.

Y porque procuramos decir la verdad, tenemos un aliado que el Establecimiento no tiene. Ese aliado es Dios. Jesucristo dijo que vino a decir la verdad; el Noveno Mandamiento ordena decir la verdad. Por lo tanto, podemos afirmar con certeza, la misma certeza con que Dios creó este extraordinario universo: Aunque nos esperan algunos años oscuros, al final la serpiente será aplastada, Goliat caerá, y Dios, la verdad y los que los buscan, saldrán victoriosos.

"...el Hijo del Hombre vendrá a la hora que no esperéis".
-Lucas 12:40

Apéndice 1 – Orwell Revisado

La novela "1984" de George Orwell, publicada en 1949, presenta una visión distópica de un futuro totalitario. Según John Coleman, ex agente del MI6, Orwell tenía vínculos con esta agencia de inteligencia y su obra era una ficcionalización de lo que sabía que estaba por venir.

Aunque el mundo en 1984 no se parecía al imaginado por Orwell, los acontecimientos posteriores han ido dándole la razón. La vigilancia obligó al Establecimiento a reajustar su calendario y ni siquiera es seguro que el año en la novela sea realmente 1984, pues el gobierno controla toda la información.

En "1984", los ciudadanos están bajo constante vigilancia electrónica por parte de la Policía del Pensamiento, a través de los televisores de sus hogares que no pueden apagarse. Actualmente, el gobierno puede vigilar a gran parte de la población mediante ordenadores conectados a Internet y teléfonos móviles, en nombre de la "seguridad" amparada por la Ley Patriota. Los televisores digitales probablemente ya transmiten información, como sugiere el artículo "¿Le espía su televisor?" en Technology Review.

En la novela, el mundo está sometido a tres gobiernos regionales: Oceanía, Eurasia y Eastasia, recordando al enfoque regional del gobierno mundial que se desarrolla actualmente (Unión Europea, Unión Norteamericana). El poder se estructura en forma piramidal, con una figura similar al Anticristo, el Gran Hermano, en la cúspide.

Winston, el protagonista, trabaja en el Ministerio de la Verdad, donde se modifican constantemente los periódicos, revistas y libros según los deseos del gobierno. Aunque la sociedad actual no ha llegado a este extremo, la historia se ha alterado respecto a guerras, revoluciones, Naciones Unidas, tratados comerciales, la Reserva Federal e incluso la eficacia de las vacunas. Además, los datos electrónicos están reemplazando a la información impresa, facilitando la modificación de ediciones antiguas.

En Oceanía escasea todo excepto para la élite del Partido Interior, pero el ministerio de economía se denomina "Ministerio de la Abundancia", recordando a la "Alianza para la Seguridad y la Prosperidad" surgida del TLCAN, que afirma prosperidad mientras se pierden empleos y hay inflación. El gobierno estadounidense también manipula estadísticas como el IPC para que la realidad parezca más halagüeña.

En "1984", la verdad está invertida: "LA GUERRA ES LA PAZ" y "LA LIBERTAD ES LA ESCLAVITUD". Hoy en día, conceptos antes considerados perversiones o crímenes, como la homosexualidad o el aborto, ahora se interpretan como "normales" o "derechos", mientras los defensores de valores tradicionales son tachados de "extremistas".

La novela describe que los arrestos ocurrían de noche, sin juicio ni informar, y la gente simplemente desaparecía, su existencia negada y olvidada, "vaporizada". Hoy en día, muchos han sido víctimas de robos de identidad, y cuanto más electrónica se vuelve la identidad, más fácil es de borrar. Orwell advierte que la pérdida de identidad podría convertirse en una función del gobierno.

El Establecimiento ha creado gran parte de la música y literatura "populares". En "1984", Winston oye canciones producidas por el Departamento de Música, y Julia trabaja produciendo pornografía barata para los proletarios.

Oceanía estaba en una guerra continua que nunca se ganaba, con bombas cayendo sobre Londres para avivar el patriotismo, probablemente lanzadas por el propio gobierno, recordando al 11 de septiembre. El Ministerio de la Paz trabajaba en producir terremotos y maremotos artificiales.

El lenguaje Neolengua restringía el vocabulario, eliminando palabras en cada diccionario sucesivo para suprimir ideas inaceptables para el estado. Esto recuerda al "embrutecimiento" actual que dificulta a los estudiantes leer libros del pasado.

Winston es desenmascarado como criminal del pensamiento, encarcelado y torturado para "curarlo" y volverlo "cuerdo". Su torturador, O'Brien, explica que a diferencia de persecuciones religiosas pasadas que crearon mártires, ellos destruyen la dignidad de sus víctimas para que sus confesiones sean verdaderas. Eliminan por completo a los disidentes del curso de la historia, como si nunca hubieran existido.

Tras muchas torturas, llevan a Winston a la temida habitación 101 con su mayor miedo: las ratas. Le introducen la cabeza en una jaula con ratas hambrientas, quebrándolo por completo. La Policía del Pensamiento conocía su temor por vigilar sus conversaciones, algo similar a lo que el gobierno actual podría hacer monitoreando correos y llamadas para perfilar a cualquier individuo.

Al final, Winston es liberado sin representar amenaza, creyendo toda la propaganda y amando al Gran Hermano, que podría interpretarse como adorar al Anticristo.

Apéndice 2- El Milenio

El capítulo 20 del Libro del Apocalipsis menciona un reinado de Cristo de 1.000 años, conocido como "el milenio", tema que ha generado intensos debates teológicos dentro del cristianismo, con diversas perspectivas al respecto.

La Biblia de Referencia Scofield influyó significativamente en las opiniones sobre el milenio, a pesar de los cuestionables antecedentes de su autor, Cyrus Scofield. Después de su supuesta conversión y rápida ordenación como ministro en Dallas, viajó a Nueva York, relacionándose con influyentes sionistas y banqueros que financiaron sus viajes a Inglaterra. Allí, Oxford University Press aceptó publicar su propuesta de Biblia de referencia sin que tuviera experiencia previa en escribir libros. Trabajó en el tomo en Suiza, lugar inusual para investigar un comentario bíblico, pero históricamente vinculado a actividades masónicas, bancarias y revolucionarias. Se especula que otros pudieron haber escrito o sugerido gran parte del libro.

Esta Biblia contribuyó a difundir tres conceptos polémicos en la teología cristiana: la teoría de la brecha, el dispensacionalismo y el premilenialismo. Este último sostiene que, tras el regreso de Jesús, reinará físicamente en la Tierra durante 1.000 años antes del Juicio Final. Se dedicaron cuantiosos recursos para promover esta visión, posiblemente para que el Anticristo, al reinar desde el reconstruido templo de Jerusalén, intente convencer a los cristianos de que él es el Cristo retornado para su milenio.

Existen varios puntos de vista sobre el milenio dentro del cristianismo, con personas inteligentes en todos los lados del debate. No se pretende ser dogmático, sino ofrecer sugerencias para consideración. El principal apoyo bíblico para un futuro milenio se encuentra en Apocalipsis 20:1-6, aunque algunos creen que ciertas profecías del Antiguo Testamento también se refieren a él. Sin embargo, Jesús advirtió sobre no buscarlo en lugares temporales (Mateo 24:26-27) y las Escrituras indican que su regreso será rápido y poderoso, seguido inmediatamente por el juicio final (2 Pedro 3:10; 2 Tesalonicenses 1:7-10; Mateo 25:31-34,41; Daniel 12:1-2).

Sobre el argumento de que Jesús gobernará desde el templo descrito por Ezequiel, ciertos versículos sugieren que no se refiere a la Segunda Venida (Ezequiel 45:15; 44:9). Más bien, parece que el Anticristo será quien se erija en el templo, proclamándose Dios (Mateo 24:15; 2 Tesalonicenses 2:3-4).

Apocalipsis 20 habla de Jesús reinando mientras Satanás está atado por mil años. Algunos afirman que esto aún está por venir, pero podría argumentarse que Satanás fue atado en la Cruz (Mateo 12:28) y que su liberación y engaño a las naciones ya está ocurriendo (Apocalipsis 20:7). Además, pasajes como 1 Juan 3:14, Apocalipsis 1:6 y Efesios 2:5-6 sugieren que "volver a la vida" y "reinar con Cristo" pueden ser experiencias contemporáneas de los creyentes.

Una posibilidad es que desde la Cruz o Pentecostés, Satanás fue atado y la iglesia creció durante 1.000 años, hasta aproximadamente el año 1033 d.C., cuando figuras como Hassan-I Sabah emergieron. Algunos creen que el cristianismo floreció hasta alrededor del año 1000, cuando el satanismo resurgió con fuerza. Si Satanás pidió y recibió de Dios el mismo tiempo que estuvo atado para hacer lo peor, su reinado actual podría terminar 1.000 años después de su comienzo, quizás culminando con el Anticristo por un período de 3 años y medio, como el ministerio terrenal de Jesús. Esto podría sugerir que la Segunda Venida ocurriría alrededor del año 2033 d.C., aunque debe tenerse presente que nadie sabe el día ni la hora exactos (Mateo 24:44,36).

Apéndice 3 – Conspiración Total

Para concluir este libro, incluyo un texto originalmente publicado en formato de video en el canal Operación Arconte de Cynthia de Salvador Freixedo. Este material sirvió como inspiración y punto de partida para la redacción de toda la obra.

En 1796, John Robison, profesor de Filosofía Natural y secretario de la Royal Society de Edimburgo, publicó documentos que le habían sido confiados por miembros de los Illuminati de Weishaupt. Robison, masón de alto rango, había obtenido estos papeles durante sus viajes por Europa antes del estallido de la Revolución Francesa en 1789.

Tras examinar detenidamente los documentos, Robison descubrió que contenían una versión actualizada de la antigua conspiración luciferina, junto con un plan detallado sobre cómo los Illuminati pretendían utilizarla para alcanzar su objetivo final: el control de un futuro Gobierno Mundial y la imposición de la ideología luciferina sobre la humanidad mediante un despotismo satánico.

La obra de Robison, titulada "Pruebas de una Conspiración contra todas las Religiones y Gobiernos de Europa", corroboraba lo que el Gobierno de Baviera había publicado en 1786 bajo el título "Los Escritos Originales de la Orden y Secta de los Illuminati". El gobierno bávaro había enviado copias del plan de Weishaupt a todos los jefes de Estado y líderes eclesiásticos europeos antes del estallido de la Revolución Francesa, pero sus advertencias fueron ignoradas.

El hecho de que los Illuminati hayan logrado mantener en secreto su identidad y sus intenciones de esclavizar a la humanidad ha permitido que la conspiración avanzara hasta su etapa actual. Este artículo pretende revelar cómo se ha desarrollado la conspiración desde 1798 hasta nuestros días, exponiendo además los detalles del plan trazado por el general Albert Pike entre 1850 y 1886 para llevarla a su conclusión.

Weishaupt, profesor de Derecho Canónico en la Universidad de Ingolstadt, había modernizado la antigua conspiración luciferina con el fin de impedir que la humanidad estableciera el plan divino para el gobierno de la Creación en la Tierra. Su objetivo era imponer la ideología luciferina sobre los "gentiles" (el rebaño humano) mediante un régimen satánico. Entre 1770 y 1776, Weishaupt recibió financiación de la recién establecida Casa de Rothschild, de manera similar a como los líderes actuales de los Illuminati son financiados por fundaciones libres de impuestos creadas por multimillonarios como los Rockefeller, Carnegie y Ford.

El gobierno bávaro descubrió la conspiración de Weishaupt en 1786, cuando un rayo mató a uno de sus mensajeros mientras cabalgaba hacia París. La policía encontró entre sus pertenencias una copia de la versión revisada de la conspiración, destinada a los miembros de los Illuminati encargados de fomentar la Revolución Francesa. Este primer gran proyecto, diseñado para conducir a la eventual destrucción de todos los gobiernos y religiones, estaba programado para estallar en 1789.

El plan de Weishaupt era de una simplicidad engañosa. Organizó a los Illuminati y luego formó las logias del Gran Oriente para infiltrarlos en la masonería europea, utilizando estas logias como su cuartel general secreto. De esta manera, los conspiradores podían operar bajo la fachada de la filantropía. Weishaupt nunca tuvo la intención de que nadie, excepto los masones cuidadosamente seleccionados de los grados superiores, conociera "El Gran Secreto".

Solo aquellos que habían demostrado haber abandonado completamente su fe en Dios eran iniciados en los grados superiores de las Logias del Gran Oriente. A estos se les revelaba que los Illuminati eran una organización secreta dedicada a la formación de un Gobierno Mundial Único, cuyos poderes pretendían usurpar para imponer su ideología a la humanidad: la adoración de Lucifer. Weishaupt afirmaba que esto aseguraría una paz y prosperidad permanentes. Únicamente a los iniciados en el grado final se les permitía saber que la ideología luciferina sería impuesta a la raza humana mediante un despotismo satánico.

Como se demostrará más adelante, solo los adeptos del Grado Final son iniciados como Sumos Sacerdotes de la Sinagoga de Satanás. Estos adoran a Lucifer en oposición a Dios, a quien llaman Adonay.

El plan puesto en marcha por los Illuminati consiste en utilizar el soborno económico y sexual para colocar a personas influyentes bajo su control. Luego, utilizan a estos individuos para promover sus planes secretos. Los jóvenes de familias adineradas con inclinaciones internacionales son seleccionados y enviados a escuelas especiales, donde los Illuminati los adoctrinan con ideas globalistas y los preparan para ocupar posiciones clave en política, religión, economía y otros ámbitos como "especialistas", "expertos" y "asesores".

Posteriormente, los Illuminati utilizan la riqueza, el poder y la influencia de sus miembros para colocar a sus agentes en puestos clave dentro de las estructuras financieras, industriales, educativas y religiosas de todos los gobiernos. Desde estas posiciones, moldean las políticas para que se ajusten al plan luciferino de fomentar guerras y revoluciones a una escala cada vez mayor.

Weishaupt estipuló que los Illuminati debían organizar, financiar, dirigir y controlar el comunismo, el nazismo y el sionismo político para facilitar su tarea de dividir a la población mundial en campos opuestos, en números cada vez mayores. Esta política de autodestrucción debía continuar hasta que solo el comunismo y la cristiandad permanecieran como potencias mundiales.

Una vez alcanzada esta etapa de la conspiración, los Illuminati provocarían el mayor cataclismo social que el mundo haya conocido. Los gentiles controlados por los comunistas ateos y aquellos que profesan el cristianismo serían instigados a luchar entre sí hasta que ambos bandos quedaran física y económicamente exhaustos. Es durante estas guerras mundiales que el diablo recoge su cosecha más abundante de almas.

Mientras esta masacre a gran escala continúa, los Illuminati, sus millonarios amigos, científicos y agentes se refugiarían en lugares seguros preestablecidos (como el sur de Florida, las Indias Occidentales y las islas del Caribe). Una vez que ambos bandos estuvieran completamente agotados, no tendrían otra alternativa que aceptar un Gobierno Mundial Único como su única esperanza. En ese momento, los Illuminati usurparían los poderes de ese gobierno y coronarían a su líder como rey déspota del mundo entero.

Solo entonces, la Sinagoga de Satanás (que siempre ha controlado todas las organizaciones subversivas) revelaría al mundo, por primera vez, la verdadera luz de la doctrina luciferina pura. Esta ideología sería impuesta sobre lo que quede de la raza humana mediante un despotismo satánico absoluto.

Así, vemos que el asunto no es meramente temporal o material, como quieren hacernos creer los líderes de la conspiración. Estamos inmersos en la continuación de la rebelión luciferina contra el poder supremo y la autoridad de Dios Todopoderoso, a quien los luciferianos llaman Adonay. Se nos enseña sobre la bondad infinita de nuestro Dios, pero se nos mantiene ignorantes del hecho de que la rebelión luciferina comenzó en el mundo celestial porque Lucifer desafió la supremacía de Adonay, argumentando que Su plan para el gobierno del universo era débil e impráctico, ya que se basaba en la premisa de que todos los seres inferiores podían ser educados para conocerlo, amarlo y servirlo por respeto a Su infinita perfección.

Lucifer sostenía que la única forma de gobernar el universo era establecer una dictadura totalitaria e imponer la voluntad del dictador con despotismo absoluto. La palabra "universo", tal como la utilizan quienes han aceptado la ideología luciferina en este y otros mundos celestiales, significa "la totalidad de las cosas existentes, incluida la Tierra, los cuerpos celestes y todo lo demás a través del espacio".

Es imposible comprender plenamente este tema crucial sin conocer toda la verdad. Debemos entender la ideología luciferina, así como la historia bíblica de la lucha que ha tenido lugar a lo largo de los siglos en este y otros mundos entre Dios y Lucifer para decidir qué plan de gobierno de la creación se implementará finalmente. Solo conociendo toda la verdad podemos decidir, utilizando nuestro intelecto y libre albedrío otorgados por Dios, si deseamos aceptar el plan divino y amarlo, servirlo y obedecerlo por toda la eternidad, o si, literalmente, queremos ir con el diablo (Lucifer).

El propósito de quienes dirigen la conspiración luciferina es evitar que las masas (los gentiles, el rebaño humano) conozcan toda la verdad, porque saben que si lo hiciéramos, aceptaríamos automáticamente el plan de Dios. Por lo tanto, los luciferianos confían en su habilidad para mentir y engañar a aquellos a quienes planean esclavizar en cuerpo, mente y alma, haciéndoles creer cualquier cosa menos la verdad.

Esta es la razón por la que Cristo se refirió a la Sinagoga de Satanás, que dirige la conspiración luciferina en la Tierra, como "hijos del diablo, cuyas concupiscencias haréis. Él ha sido homicida desde el principio, y no ha permanecido en la verdad, porque no hay verdad en él". También debemos recordar que las palabras "Sinagoga de Satanás" no se refieren, repito, no se refieren a los judíos, ya que Cristo también dejó perfectamente claro que la Sinagoga de Satanás está compuesta por "los que dicen ser judíos y no lo son, sino que mienten".

La Sinagoga de Satanás está compuesta por hombres y mujeres de muchas nacionalidades que tienen su origen en Caín, el hijo de Eva. El conocimiento sobre el Credo Luciferino lo he adquirido leyendo toda la literatura disponible sobre el tema y estudiando traducciones de los escritos de Su Eminencia Caro y Rodríguez, Cardenal de

Santiago de Chile. Transmito este conocimiento para que ustedes puedan decidir la cuestión por sí mismos.

El Credo Luciferino enseña que Lucifer era el más brillante e inteligente de la Hueste Celestial. Su poder e influencia eran tan grandes que cuando desafió el poder y la supremacía de Dios (Adonay), logró que un gran número de seres celestiales de alto rango desertaran de Dios y se unieran a él. Entre ellos estaba Satanás, el hijo mayor de Adonay. Según la creencia luciferina, San Miguel, el Arcángel, es hermano de Satanás e hijo menor de Adonay.

Las enseñanzas luciferianas reconocen que San Miguel derrotó a aquellos que habían abrazado la Causa Luciferina en el Cielo, lo que dio inicio a la enemistad eterna entre Satanás y San Miguel. Según esta doctrina, el "Infierno" es el término utilizado para designar el mundo celestial al que Dios desterró a Lucifer y a los seres celestiales más inteligentes que le habían seguido voluntariamente.

El Credo Luciferino sostiene que Dios (Adonay) decidió dar otra oportunidad a aquellas criaturas que consideraba habían sido engañadas para unirse a la rebelión luciferina. Por ello, creó otros mundos, incluida la Tierra, y los pobló con los menos culpables que habían desertado de Él en el cielo durante la rebelión. Los creó a Su imagen y semejanza, dotándolos de cuerpos infundidos con la luz espiritual de la gracia santificante. En apariencia, tenían el mismo aspecto que Cristo cuando permitió que Pedro, Santiago y Juan lo vieran transfigurado.

Dios introdujo a estos ángeles caídos en los nuevos mundos mediante un método de nacimiento que les privó del conocimiento personal de su existencia anterior. Sin embargo, los dotó de intelecto y les otorgó libre albedrío. Sus mentes estaban construidas de tal manera que podían recibir inspiraciones del mundo celestial, tanto de aquellos que permanecieron fieles a Dios como de los que se habían unido a la Causa Luciferina. Se esperaba que los que estaban siendo juzgados clasificaran estas inspiraciones utilizando su intelecto. El cuerpo pone en acción las decisiones de la mente, y todas las acciones corporales deben ser positivas o negativas.

Cada acción corporal queda registrada en "El Libro de la Vida". De esta manera, el individuo decide su futuro eterno; a través de sus acciones corporales demuestra si ha aceptado el plan de Dios para el Gobierno del Universo o el plan de Lucifer. Los resultados se clasifican como "Bien" o "Mal".

Según el Credo Luciferino, Lucifer nombró a Satanás "Príncipe de este mundo" en el momento de su creación. Su tarea era hacer que nuestros primeros padres desertaran de Dios (Adonay) y evitar que su progenie estableciera Su plan para el Gobierno de la Creación en la Tierra. Este credo también enseña que Dios caminaba en el Jardín del Edén (Paraíso) sin instruir a los padres respecto a Su plan y Su forma de vida.

Hasta este punto, parece no haber gran diferencia entre las enseñanzas del Credo Luciferino y las Sagradas Escrituras. La divergencia comienza a manifestarse desde el momento en que Satanás entra en escena. El Credo Luciferino enseña (a los iniciados de los grados inferiores de los Nuevos Ritos Paladianos, tal como fueron organizados por Albert Pike) que Dios (Adonay) es un Dios celoso y egoísta que ocultó a nuestros primeros padres el conocimiento de los placeres de las relaciones sexuales —el secreto de la procreación— porque deseaba reservarse estos placeres para Sí mismo.

Por supuesto, esto es una falsedad. Dios simplemente pospuso revelar Su voluntad respecto a la procreación a nuestros primeros padres hasta que hubiera probado exhaustivamente su honestidad, integridad y obediencia, para asegurarse de que eran lo suficientemente confiables como para conocer el secreto y lo suficientemente dignos como para llevar a cabo esa función santa y sagrada que daría a Continuación:

otros la oportunidad de aceptar el plan de Dios para el gobierno de la creación.

A los iniciados en el Nuevo Rito Paladiano se les dice que Satanás otorgó el mayor beneficio posible a la raza humana al iniciar a Eva en los placeres de las relaciones íntimas, revelándole así el secreto de la procreación. Las Sagradas Escrituras, por el contrario, nos relatan que Satanás indujo a Eva a desobedecer a Dios ("Del árbol del conocimiento no comerás") prometiéndole que si aceptaba sus insinuaciones, tanto ella como Adán serían iguales en poder a Dios y nunca conocerían la muerte.

En otras palabras, Satanás introdujo a Eva en una ideología sobre las relaciones humanas diametralmente opuesta a las intenciones de Dios. Según el plan divino, la procreación debía realizarse por un hombre y una mujer unidos de por vida en los lazos del matrimonio. El ritual debía llevarse a cabo en estricta intimidad, basado en expresiones mutuas de alegría, aprecio, devoción y gratitud. El clímax debía alcanzarse por el deseo espiritual de ambas partes de promover el plan de Dios para la población del mundo, creando otro ser que crecería para amar, honrar y obedecer a Dios, viviendo felizmente con Él para siempre.

La influencia de Satanás sobre Eva fue completamente diferente, como se recrea en el ritual de la Misa Adonaicida (Misa Negra). Según este ritual, las acciones de Satanás estaban calculadas para despertar las pasiones más bajas en Eva hasta el punto en que la gratificación de los impulsos superara cualquier otra consideración. Le enseñó a ser voluptuosa en lugar de modesta, promiscua en lugar de constante, exhibicionista en lugar de discreta, y a entregarse a los excesos en lugar de a la moderación.

Bajo la influencia de la propaganda de los Illuminati, demasiadas personas han celebrado el contrato matrimonial con el único propósito de legalizar las relaciones íntimas. Muchos matrimonios no son más que acuerdos de conveniencia. ¿Es de extrañar entonces que los seres humanos nazcamos con la mancha del Pecado Original? Somos concebidos en pecado porque el acto de la procreación no se ajusta a la voluntad de Dios, sino a las perversiones introducidas por Satanás cuando sedujo a Eva.

Dios, en su ira con nuestros primeros padres, retiró de sus cuerpos la luz de la gracia santificante. A causa de su pecado, fueron reducidos de la condición de inmortales a mortales y condenados a sufrir privaciones, sufrimientos físicos, enfermedades y muerte. Pero Dios, en Su misericordia y bondad, a través de Su amado hijo Jesucristo, nos dio otra oportunidad para rechazar la ideología luciferina tal como la enseñan los satanistas, y aceptar Su plan para el gobierno de la creación.

Si lo que explicamos no es la verdad, entonces ¿por qué la Iglesia Católica Romana da tanta importancia al dogma de la Inmaculada Concepción de María, la madre de Jesucristo? La Fe Católica Romana requiere que todos sus miembros crean que María es el único ser humano nacido sin la mancha del pecado original porque ella concibió del Espíritu Santo de acuerdo con el plan de Dios para el proceso de procreación.

Es sobre esta premisa que San Agustín basa su opinión de que fue la perversión de la relación humana, tal y como la quiso Dios Todopoderoso, unida a la desobediencia de Adán y Eva a Su ley y plan revelado para el gobierno de la Creación, agravada por una muestra de falta de Fe en Sus perfecciones y bondad infinita, lo que constituye el Pecado Original.

Una vez que esta gran verdad es aceptada y comprendida, es un asunto simple entender cómo la continua conspiración Luciferina se ha desarrollado en esta tierra, con el propósito de esclavizar a los sobrevivientes de la Raza Humana, cuerpo, mente y alma.

Voltaire escribió que para llevar a las masas a una nueva sujeción, los Illuminati deben mentirles como el mismo Diablo, no tímidamente o sólo por un tiempo, sino audazmente y siempre. Dijo a sus compañeros Iluministas: "Debemos hacerles promesas fastuosas y usar frases extravagantes... Lo contrario de lo que prometemos puede hacerse después... eso no tiene importancia".

Es sobre la premisa de que un ser humano no puede complacer sus deseos mundanos y servir a Dios eficientemente, que la Iglesia Católica Romana requiere que aquellos que buscan las Órdenes Sagradas tomen votos de castidad y celibato.

Una de las principales revistas de Estados Unidos, a finales de 1956, publicó la historia de cómo Kadar tomó el poder en Hungría y puso fin al levantamiento abortado. El autor afirmaba que Kadar había sido castigado por sus enemigos mientras estaba bajo su custodia. Esa afirmación es falsa. Kadar fue sometido a prácticas extremas por su propio médico a petición suya. Deseaba convertirse en un adepto perfecto de la Causa Luciferina.

Kadar es tan fanático que, después de haber suprimido la revuelta húngara, ordenó que 45.000 jóvenes húngaros, que habían sido hechos prisioneros, fueran sometidos a prácticas similares. Luego los envió a campos especiales donde han sido entrenados para convertirse en Agentes de los Illuminati, para ser utilizados en el desarrollo de la conspiración luciferina en su fase final. Todo esto es muy horrible, pero cierto.

El Credo Luciferino enseña que la conspiración luciferina avanzó a tal ritmo que Dios decidió enviar a San Miguel a la tierra, en la forma de Jesucristo, para detener la conspiración y derrotar a los que componían la Sinagoga de Satanás. También enseña que San Miguel (Cristo) fracasó en su misión. Pike construyó el ceremonial de la Misa Adonaicida en torno a la seducción de Eva por Satanás, la supuesta victoria luciferina sobre Cristo y su muerte por instigación de los Illuminati.

Cristo sí vino a redimirnos liberándonos de los lazos de Satanás con los que estamos atados. Nos dijo que Satanás había obtenido el control sobre todos los que ocupan altos cargos en el gobierno, la religión, las ciencias y los servicios sociales. Su nacimiento en un establo nos demuestra que si queremos establecer el plan de Dios para el gobierno de la Creación sobre esta tierra, debemos empezar desde abajo para educar a la mayoría de la humanidad. Cristo dejó muy claro que era inútil intentar empezar por arriba. La aceptación de esta lección creará una revolución espiritual.

Cristo también nos dijo que sólo hay una manera de acabar con la conspiración luciferina: enseñar toda la verdad al respecto a los pueblos de todas las naciones. Nos aseguró que si dábamos a conocer la verdad y explicábamos a las masas que la ideología luciferina requiere su esclavitud absoluta, en cuerpo, mente y alma, la reacción sería tal que la opinión pública se convertiría en una fuerza mayor que la que ellos podrían controlar. Weishaupt y Pike admiten esta verdad. Insisten en que cualquier ejecutivo Iluminista que sea sospechoso de desertar debe ser ejecutado como traidor.

Weishaupt escribió que si a un hombre se le permitiera divulgar su secreto, sus planes podrían retroceder tres mil años o terminar por completo. Esta es una información muy consoladora. Es para llevar a cabo este mandato tal como nos fue dado por Cristo que contamos cómo Weishaupt utilizó a Thomas Jefferson para transferir la versión revisada de la conspiración luciferina a América.

Jefferson estaba entre los financieros, políticos, economistas, científicos, industriales, hombres profesionales y líderes religiosos que habían aceptado la idea de que un Gobierno Mundial Único dirigido por hombres de cerebro (Iluministas) era la única manera de acabar con las guerras y las revoluciones. Jefferson estaba tan alto en los consejos ejecutivos de los Illuminati que secretamente hizo inscribir su insignia en la parte posterior del Gran Sello de América en preparación para el día en que se harían cargo del gobierno.

Esta información conmocionará a un gran número de ciudadanos americanos, por lo que citaremos documentos auténticos y acontecimientos históricos, cuyo conocimiento ha sido cuidadosamente ocultado al público en general en Canadá y EE.UU.

En 1789, John Robison, él mismo un alto masón, confirmó que los Illuminati se habían infiltrado en las logias masónicas americanas.

El 19 de julio de 1798, David A. Pappan, Presidente de la Universidad de Harvard, advirtió a la clase que se graduaba sobre la influencia que el Iluminismo estaba teniendo en la política y la religión americanas.

El Día de Acción de Gracias de 1789, Jedidiah Morse predicó contra el Iluminismo. Advirtió a su congregación, y al pueblo de los Estados Unidos, que los Iluministas encubren su verdadero propósito infiltrándose en las logias masónicas y ocultando sus actos e intenciones subversivas bajo el manto de la filantropía.

En 1799, John Cosens Ogden expuso el hecho de que los Iluministas en Nueva Inglaterra estaban infatigablemente comprometidos en destruir la religión y el gobierno en América bajo una fingida consideración por su seguridad.

En 1800, John Quincy Adams se opuso a Jefferson para la Presidencia de los Estados Unidos. Adams había organizado las Logias Masónicas de Nueva Inglaterra. Escribió tres cartas al Coronel Wm. L. Stone exponiendo las actividades subversivas de Jefferson. Se atribuye a la información contenida en estas cartas el haber permitido a Adams ganar las elecciones. Las cartas a las que se hace referencia están (o estaban) expuestas en la Rittenhouse Sq. Library, Filadelfia.

En 1800, el capitán Wm. Morgan asumió el deber de informar a otros masones de cómo y por qué los Illuminati utilizaban sus logias con fines subversivos. Los Illuminati delegaron en uno de sus miembros, Richard Howard, para ejecutar a Morgan por traidor. Morgan intentó escapar a Canadá, pero fracasó.

Avery Allyn hizo una declaración jurada y juró que había oído a Richard Howard informar en una reunión de Caballeros Templarios en St. John's Hall, Nueva York, de cómo había completado con éxito su misión de "ejecutar" a Morgan. Se habían hecho arreglos para enviar a Howard de vuelta a Liverpool, Inglaterra. Los registros masónicos demuestran que como resultado de este incidente, miles de masones se separaron de la Jurisdicción del Norte.

En 1829, una ilustrada inglesa conocida como "Fanni" Wright pronunció un discurso ante un selecto grupo de iluminados en el recién inaugurado Templo Masónico de Nueva York. En su alocución, expuso la ideología luciferina sobre el "amor libre" y la "libertad sexual". Además, informó a los iluminados estadounidenses sobre los planes para organizar y financiar el comunismo ateo con el fin de promover sus propios designios y ambiciones secretas. Entre quienes colaboraron en la implementación de esta fase de la conspiración luciferina se encontraban Clinton Roosevelt (antepasado directo de F.D. Roosevelt), Horace Greeley y Charles Dada.

En 1834, para encubrir sus verdaderas intenciones, los mencionados conspiradores fundaron el Partido Loco-Foco. Un año después, cambiaron su denominación a "Partido Whig" y lo utilizaron para recaudar los fondos necesarios para financiar a Mordecai Mark Levi (Karl Marx) mientras redactaba "El Manifiesto Comunista" y "El Capital" en el barrio londinense de Soho. Ambas obras fueron escritas bajo la supervisión directa de los Iluminati, diseñadas para permitirles organizar el comunismo ateo según lo estipulado en el plan de Adam Weishaupt, completado en 1776.

En 1834, los Iluminati nombraron a Giuseppe Mazzini como su "Director de Acción Política", un título que encubría el cargo de "Director de Actividades Revolucionarias". León de Poncins confirma en la página 65 de su obra lo que yo había publicado anteriormente en "Peones en el Juego" y "Niebla Roja sobre América": Mazzini mantenía un estrecho contacto con los líderes revolucionarios de todo el mundo y dirigía sus actividades. Poco después de que el presidente Jefferson Davis disolviera sus Tropas Auxiliares Indias debido a las atrocidades cometidas durante la guerra, Mazzini conoció al general Albert Pike. Pike, de mentalidad totalitaria, accedió a unirse a los Iluminati.

En 1850, a los 41 años, Albert Pike se infiltró en la masonería y fue iniciado en la Logia Western Star de Little Rock, Arkansas. Respaldado por los Iluminati, su ascenso dentro de la organización masónica fue vertiginoso. El 2 de enero de 1859, Pike fue elegido Soberano Gran Comandante del Consejo Supremo de la Jurisdicción Sur de los Estados Unidos. Entabló una estrecha relación con Moses Holbrook, un adepto del credo luciferino que ostentaba el cargo de Soberano Comandante del Consejo Supremo de Charleston, Carolina del Sur. Juntos elaboraron el ritual de una versión modernizada de la "Misa Negra" luciferina, basada en las enseñanzas cabalísticas. Tras la muerte de Holbrook, Pike introdujo la "Misa Adonaicida" para ser utilizada por aquellos que habían sido admitidos en el secreto completo y el grado final de los Nuevos Ritos Paladianos.

El ritual de la "Misa Adonaicida" requiere que el celebrante inicie a la Sacerdotisa, quien encarna el papel de

Eva, en los placeres carnales tal como Satanás se los enseñó a Eva. De este modo, se perpetúa la victoria de Satanás sobre Eva y se recuerda a los presentes cómo el sexo sigue siendo utilizado para hacer que aquellos a quienes desean controlar también abandonen a Dios.

El ritual también exige la inmolación de una víctima, ya sea humana, animal o ave. Este sacrificio se ofrece a Lucifer para conmemorar la victoria de la Sinagoga de Satanás sobre Cristo. La sangre de la víctima se distribuye entre los presentes, quienes la beben a sorbos y luego consumen partes de la carne. Esto se hace para ridiculizar las palabras de Cristo: "El que coma mi carne y beba mi sangre tendrá vida eterna". Cabe señalar que la policía de Chicago sigue investigando tres asesinatos rituales de esta naturaleza.

El celebrante también profana y mancilla una hostia consagrada por un sacerdote de la Iglesia Católica Romana. Este acto se realiza para demostrar a los presentes que Dios (Adonay) no es supremo y para indicar la determinación de los asistentes de destruir todas las demás religiones. Recientemente, agentes de los Iluminati robaron el tabernáculo de una iglesia católica en Nueva Jersey para obtener hostias consagradas.

Todas las Misas Adonaicidas concluyen con una orgía de comida, bebida e indulgencias sexuales. Pike dictaminó: "Para que un adepto de los grados más elevados esté en completo control de sus pasiones, que llevan a tantos corazones por mal camino, debe usar a las mujeres a menudo y sin pasión; así te harás dueño de tus deseos y encadenarás a las mujeres". Pike también escribió: "Las Logias de Hermanos que no anexan una logia de Hermanas para el uso común están incompletas". Véase la página 578 de "La Femme et L'enfant dans la Franc-Maconnerie Universelles" de A.C. De La Rive, que trata específicamente de las Logias de Adopción utilizadas para introducir a las mujeres en los ritos paladianos. Es relevante mencionar que Wilma Montesi falleció tras ser utilizada como sacerdotisa en una misa adonaicida. Había participado en un maratón sexual y murió por una sobredosis de drogas administradas para estimular el apetito sexual, así como por agotamiento físico. Su cuerpo fue hallado en una playa cercana a Nápoles, Italia. El escándalo implicó a altos cargos tanto de la Iglesia como del Estado italiano.

Debido a su diligencia en la causa luciferina, Pike fue elegido Soberano Pontífice de la Francmasonería Universal. En este cargo, contó con la asistencia de diez Ancianos de la Logia Suprema del Gran Oriente de Charleston, Carolina del Sur. Trabajando desde la mansión que construyó en Little Rock, Arkansas, en 1840, Pike trazó el plan para las etapas finales de la conspiración luciferina. Como se demostrará más adelante, el cataclismo social final se produciría entre las masas controladas por los ateos comunistas y aquellas que se adhieren a la religión cristiana. Es este plan diabólico el que justifica la definición de la palabra "Goyim" como "ganado humano preparado para el matadero".

Para implementar este complot de inspiración diabólica, Pike organizó los Nuevos Ritos Paladianos. Ordenó a Mazzini que estableciera consejos supremos en Roma y Berlín para trabajar en cooperación con el cuartel general que había establecido en Charleston, Carolina del Sur. El Consejo Supremo de Roma debía dirigir la "Acción Política", mientras que el de Berlín se encargaría del Directorio Dogmático. Los tres consejos supremos debían dirigir las actividades subversivas de los otros 23 consejos que Pike había organizado en lugares estratégicos de Norteamérica,

Sudamérica, Europa, Asia, África y Oceanía. Cabe destacar que fueron miembros ejecutivos de estos consejos quienes volaron a Georgia para asistir a la reunión secreta celebrada en el Hotel King & Prince de St. Simon's Island, del 14 al 17 de febrero de 1957, como se informó en el número de mayo de N.B.N.

Para demostrar que el "Secreto Completo" solo se revela a aquellos que califican para la iniciación en el grado final del Rito Paladiano, convirtiéndolos en miembros de "La Gran Logia Blanca" y Sumos Sacerdotes del Credo Luciferino, citaremos una carta escrita por Mazzini al Dr. Breidenstine antes de que este fuera iniciado en el rito final:

"Formamos una asociación de hermanos en todos los puntos del globo. Queremos romper todos los yugos. Sin embargo, hay uno que no se ve, que apenas se siente, pero que pesa sobre nosotros. ¿De dónde viene? ¿Dónde está? Nadie lo sabe, o al menos nadie lo dice. Esta asociación es secreta incluso para nosotros, los veteranos de las sociedades secretas".

Para provocar el cataclismo social final entre comunistas y cristianos, Pike tuvo que lograr que los Iluminati controlaran la política del Vaticano. Para permitir que los Iluminati se infiltraran en el Vaticano, Pike ordenó a Mazzini que creara una atmósfera anti-vaticana en Europa hasta que, como sabemos, las vidas de todos dentro del Vaticano se vieron amenazadas. Entonces, Karl Rothschild, hijo de Mayer Anselm Rothschild (quien financió la organización de los Iluminati de Weishaupt), intervino en nombre del Vaticano alegando que deseaba evitar un derramamiento de sangre innecesario. De este modo, uno de los miembros más destacados de los Iluminati ganó la gratitud y el aprecio del

Papa y de los funcionarios del Vaticano. Posteriormente, colocó a agentes de los Iluminati dentro del Vaticano como expertos y consejeros en finanzas y política. Así, hicieron realidad la jactancia de Weishaupt cuando escribió: "Nos infiltraremos en ese lugar (el Vaticano) y una vez dentro, nunca saldremos. Perforaremos desde dentro hasta que no quede más que una cáscara vacía".

Desde que los Iluminati se infiltraron en el Vaticano, aquellos que dirigen la conspiración luciferina han fomentado dos guerras mundiales que dividieron a la cristiandad en ejércitos opuestos. Cristianos de todas las denominaciones se aniquilaron mutuamente por millones. El resultado neto es que las masas controladas por el comunismo ateo son ahora equiparables en fuerza a lo que queda de la cristiandad. Lo que ha sucedido hasta la fecha se ajusta estrictamente a la revisión de Weishaupt de la conspiración luciferina. El modo en que ha ocurrido se adhiere rigurosamente al plan de acción elaborado por Albert Pike entre 1850 y 1886 en su mansión de Little Rock, Arkansas. Los Archivos Secretos del Vaticano son más completos que cualquier otro en este mundo. Cuán diferente habría sido el curso de la historia si los Iluminati no hubieran tenido el poder de imponer una conspiración de silencio sobre todos los gobiernos, políticos y líderes religiosos.

Poseo numerosas cartas de sacerdotes que han vivido en Roma y estudiado en el Vaticano. Estas proporcionan abundante evidencia para demostrar que el Santo Padre es poco más que un prisionero dentro del Vaticano, de manera similar a como el Presidente de los Estados Unidos es un prisionero en la Casa Blanca, la Reina de Inglaterra en el Palacio de Buckingham, y Khrushchev en el Kremlin. Solo en una ocasión en los últimos años se ha relajado la vigilancia constante que se mantiene sobre el Papa. Fue cuando se pensó que Su Santidad estaba al borde de la muerte. Se nos informa que había caído tan bajo que solo un milagro moderno podría haberle dado fuerzas para convocar a un funcionario en quien sabía que podía confiar. Ordenó a este funcionario que enviara un llamamiento pidiendo a todos los católicos romanos que "rezaran por la Iglesia silenciosa".

Pike restringió la iniciación en el Nuevo Rito Paladiano a hombres y mujeres que habían demostrado haber abandonado a Dios y vendido sus almas a Satanás a cambio de éxito material y placeres carnales. Sin embargo, tal es la astucia de quienes controlan la Sinagoga de Satanás que ni siquiera los miembros del Nuevo Rito Paladiano son admitidos al secreto completo hasta que han sido probados más a fondo. La manera en que "La Gran Logia Blanca" (los Sumos Sacerdotes del Credo Luciferino) mantiene su secreto quedó plenamente ilustrada cuando otro acto de Dios hizo que documentos de alto secreto, emitidos por Pike, cayeran en manos distintas a las previstas. Mazzini falleció en 1872. Pike eligió a Adriano Lemmi para sucederle como Director de Acción Política. Lemmi había sido iniciado en el Nuevo Rito Paladiano y era un adorador de Satanás. Pike lo instruyó en todo el secreto, explicándole que Lucifer es el único dios aparte de Adonay, y que el propósito último de la conspiración continua es imponer la ideología luciferina a la humanidad.

Los hechos que rodearon este incidente fueron revelados por el libro de Margiotta "Adriano Lemmi Chef Supreme des Franc Masons". El hecho de que solo unos pocos iniciados en el más alto grado de los Ritos Palladianos están en posesión del secreto completo quedó demostrado nuevamente cuando Pike se vio obligado a emitir la siguiente carta de instrucciones a aquellos Iluministas que había seleccionado para dirigir las actividades de los 23 consejos que había establecido en todo el mundo. Una copia de esta carta, fechada el 14 de julio de 1889, también se extravió. A.C. De La Rive la cita en la página 587 de "La Femme et L'enfant dans la Franc-Maconnerie Universelles":

"Lo que debemos decir a la muchedumbre es: 'Adoramos a Dios', pero es al Dios que se adora sin superstición... La religión masónica debe ser, para todos nosotros, iniciados de los altos grados, mantenida en la pureza de la doctrina luciferina... Si Lucifer no fuera Dios, ¿Adonay, cuyos hechos prueban su crueldad, perfidia y odio a los hombres, barbarie y repulsión por la ciencia, lo calumniaría? ¡Sí! Lucifer es Dios. Y desgraciadamente Adonay también es Dios. Pues la ley Eterna es que no hay luz sin sombra, no hay belleza sin fealdad, no hay blanco sin negro, pues lo absoluto solo puede existir como dos Dioses. Así pues, la doctrina del satanismo es una herejía, y la verdadera y pura religión filosófica es la creencia en Lucifer, el igual de Adonay, pero Lucifer, Dios de la luz y Dios del Bien, está luchando por la humanidad contra Adonay, el Dios de la oscuridad y del mal".

La historia demuestra que desde 1776 la conspiración se ha desarrollado exactamente como Weishaupt pretendía, simplemente porque quienes la dirigen han sido capaces de mantener en secreto su intención última de esclavizar lo que queda de la raza humana: cuerpo, mente y alma. Ahora revelaremos los planes que los Iluminati pretenden seguir desde ahora hasta el final. Tanto Weishaupt como Pike requerían que el sionismo político fuera organizado, financiado y controlado por los Iluminati para que pudiera ser utilizado, primero, para crear un estado soberano en el que los Iluminati coronarían a su líder como Rey-déspota de todo el universo, y segundo, para permitir a los Iluminati fomentar la Tercera Guerra Mundial. El sionismo político fue organizado por Herzl en 1897. ¿Puede alguna persona, todavía capaz de ejercitar su intelecto otorgado por Dios, negar que esta parte del complot se está desarrollando ahora mismo en el Cercano y Medio Oriente? Si permitimos que estalle la Tercera Guerra Mundial, el sionismo y el mundo musulmán serán aniquilados, y las naciones restantes eliminadas como potencias mundiales. Entonces, solo el comunismo ateo y el cristianismo permanecerán en pie entre los Iluminati y su objetivo.

En una carta que Pike escribió a Mazzini el 15 de agosto de 1871, explica lo que sucederá cuando la Tercera Guerra Mundial haya terminado. (Una copia de esta carta se encuentra, o se encontraba, en la Biblioteca del Museo Imperial Británico, Londres, Inglaterra). "Nosotros (los Iluminati) desencadenaremos a los Nihilistas y a los Ateos, y provocaremos un formidable cataclismo social que en todo su horror mostrará claramente a las naciones los efectos del ateísmo absoluto, origen del salvajismo y de la más sangrienta agitación. Entonces, en todas partes, los ciudadanos, obligados a defenderse de la minoría mundial de revolucionarios, exterminarán a esos destructores de la civilización, y la multitud, desilusionada del cristianismo, cuyos espíritus deístas estarán desde ese momento sin brújula (dirección), ansiosos de un ideal, pero sin saber dónde rendir su adoración, recibirán la verdadera luz a través de la manifestación universal de la doctrina pura de Lucifer, finalmente revelada a la vista pública, manifestación que resultará del movimiento reaccionario general que seguirá a la destrucción del Cristianismo y del Ateísmo, ambos vencidos y exterminados al mismo tiempo."

Si alguien aún duda de la veracidad de esto, permítaseme mencionar que Su Eminencia el Cardenal

Rodríguez de Chile intentó advertir tanto a los católicos como a los masones de su destino inminente en 1925.

Cuando F.D. Roosevelt fue elegido Presidente de los EE.UU., estaba tan seguro de que la conspiración alcanzaría su objetivo final durante su vida que en 1933 hizo imprimir la insignia de los Iluminati (que Jefferson había grabado secretamente en el reverso del Gran Sello Americano) en el reverso de los billetes de dólar estadounidenses. Esto fue para notificar a los Iluministas de todo el mundo que los Iluminati estaban ahora en control absoluto de las finanzas, la política y las ciencias sociales estadounidenses. Roosevelt llamó a esto "El Nuevo Trato".

La política exterior de Roosevelt fortaleció el comunismo ateo hasta que fue equiparable en fuerza a la cristiandad en todos los aspectos. Estaba tan seguro de que sería el primer Rey-déspota que tuvo la audacia en 1942 de decirle a Winston Churchill: "Ha llegado el momento en que el Imperio Británico debe ser disuelto en interés de la paz mundial". Este incidente tuvo lugar en Vallentia Harbour, Terranova, cuando se reunieron por primera vez para hablar de la OTAN. ¿A qué tipo de paz se refería Roosevelt? Se refería a la paz bajo una dictadura luciferina.

Ahora mostraremos cómo los Iluminati se infiltraron en la Casa Real Británica. Desde 1942, el Almirante Louis Mountbatten ha sido el "poder detrás del trono" en Gran Bretaña. Bajo su influencia y dirección, India y varias otras partes del Imperio Británico han "ganado su independencia". Es una forma educada de decir que se han separado de la Corona británica. Lo que el público pensaba que era una ilusión por parte de Roosevelt se está convirtiendo rápidamente en un hecho consumado. Roosevelt conocía los planes de los Iluminati. Su lapsus linguae al hablar con Churchill demuestra la veracidad del viejo dicho: "Cuando la bebida está dentro, la verdad sale". El hecho es que el Imperio Británico, en menos de cincuenta años, ha sido reducido de la mayor potencia de la tierra a una potencia de tercera categoría. La Reina de Gran Bretaña está casada con el sobrino del Almirante Mountbatten. Felipe fue "adoptado" por el Almirante cuando era niño. Es de conocimiento público que el príncipe Felipe tiene opiniones y puntos de vista extremadamente liberales. Muy pocos saben que fue educado privadamente, a instigación de su tío, en Gordonstoun, Escocia, por el Dr. Kurt Hahn, un Iluminista expulsado de Alemania por Hitler.

El Dr. Kurt Hahn es indiscutiblemente un agente de los Iluminati. En Alemania, sirvió en el Comité Ejecutivo del Partido Comunista, aunque no es ateo. Dirigió la política comunista en Alemania de manera que permitió a los Iluminati fomentar la Segunda Guerra Mundial. Tómelo como quiera, el hecho es que es un subversivo totalmente informado, altamente entrenado y experimentado. La escuela Gordonstoun es solo una de las tres que ha establecido de acuerdo con el plan de Weishaupt para que los Iluminati adoctrinen y entrenen a jóvenes de familias bien educadas con inclinaciones internacionales para ser agentes de los Iluminati. Las otras dos escuelas establecidas por el Dr. Kurt Hahn se encuentran en Salem, Alemania, y Anavryta, Grecia.

Queremos dejar absolutamente claro que N.B.N. no afirma que los jóvenes así entrenados sean conscientes del propósito para el cual están siendo preparados. E.H. Norman fue uno de estos jóvenes entrenados. Tuvo un final muy trágico, al igual que muchos otros. No son más que peones en el juego.

La Reina Isabel II es también cabeza de la Iglesia Protestante en Inglaterra. Obviamente, debido a una fuerza fuera de su control, el Canónigo C.E. Raven ha sido nombrado "consejero" espiritual de la Casa Real. El canónigo se ha casado tres veces. Su tercera esposa se declaró atea. Fue publicitada como "Una heroína del Movimiento de Resistencia Francés". Una cosa es cierta: desde que se hizo este nombramiento, Su Majestad nunca ha hecho referencia a Dios Todopoderoso en sus mensajes navideños a su pueblo. Pero lo más significativo es que, en su último discurso, utilizó la jerga de los Iluminati y dijo: "La reacción en cadena de los Poderes de la Luz, para Iluminar la nueva era (Nuevo Orden) que nos espera".

Tal es el poder de quienes dirigen a los Iluminati que dieron instrucciones a otro de sus agentes (también llamado Hahn) para celebrar el ascenso de Isabel al trono haciendo que este artista canadiense nacido en Alemania alterara la foto que Su Majestad había aprobado para ser utilizada en los billetes de banco canadienses. Hahn ocultó hábilmente el rostro de Satán en el peinado de la Reina. En el simbolismo iluminista, esto significaba: "Ahora tenemos 'el oído de la Reina'. Nuestros agentes están tan cerca de ella que ni siquiera sospecha de su presencia". N.B.N. llevó este ultraje a la atención de la Cámara de los Comunes de Canadá, a través del Sr. John Blackmore, MP, y como resultado se hicieron nuevas placas y se emitieron nuevos billetes de banco. Hemos intentado informar al marido de la Reina del verdadero propósito de los Iluminati, pero hasta ahora sin éxito.

Desde la muerte de Roosevelt, la política exterior estadounidense y la de la ONU han sido decididas por los Iluminati en el Consejo de Relaciones Exteriores, que ocupan el edificio Harold Pratt en Nueva York. Este cuartel general de intriga internacional fue proporcionado y es financiado por las fundaciones libres de impuestos de Rockefeller, Ford y Carnegie. Desde el cambio de siglo, los Rockefeller han asumido la dirección de la continua conspiración de los Rothschild. La política exterior ha sido contener el comunismo, no destruirlo. El comunismo internacional debe mantenerse equiparable en fuerza a toda la cristiandad; de lo contrario, el diabólico plan de Pike para el cataclismo social final no puede llevarse a cabo. Es esta política la que explica por qué no se permitió a MacArthur destruir el comunismo durante la guerra de Corea. Fue esta política la que hizo que la ONU exigiera que Gran Bretaña y Francia retiraran sus tropas cuando desembarcaron en Suez con la firme intención de poner fin a las actividades subversivas de Nasser en Egipto y Oriente Medio. Cuando MacArthur persistió en su intención de destruir el comunismo, fue destituido. Cuando Anthony Eden envió tropas a Egipto, también fue destituido. ¿Por qué? ¿Por insubordinación a quienes dirigen a los Iluminati?

Desde los tiempos de Jefferson, los ciudadanos de EE.UU. han sido gradualmente condicionados para el día en que los Iluminati decidan tomar el poder. Exactamente lo mismo ha estado sucediendo en Canadá. Sabremos que la hora de la subyugación ha llegado cuando el Presidente de los EE.UU. y el Primer Ministro de Canadá declaren el Estado de Emergencia y establezcan una dictadura militar con el pretexto de que tal acción es necesaria para proteger al pueblo de la agresión comunista. Los Partidos Comunistas en nuestros dos países están siendo "contenidos" porque los Iluminati pretenden utilizarlos para llevar a cabo el "Estado de Emergencia". El FBI y la RCMP podrían, en 48 horas, eliminar a cada comunista y cualquier otro tipo de subversivo si se les permitiera hacerlo. Los jefes del FBI y la RCMP conocen la identidad de los Poderes secretos. Solo el apoyo general del público les liberará de las cadenas con las que ellos, como el resto de nosotros, están atados.

Cuando se ordene a los comunistas que se rebelen, se les dejará actuar libremente, como en Rusia, hasta que hayan asesinado a todos aquellos cuyos nombres figuran en las listas de liquidación de los Iluminati. Entonces los agentes de los Iluminati aparecerán en escena y tomarán el control bajo la pretensión de ser los salvadores del pueblo. Lenin se jactaba de que "Cuando llegue el momento, los Estados Unidos caerán en nuestras manos (de los Iluminati) como una fruta demasiado madura". El plan por el cual los Iluminati pretenden arrebatar el poder a los comunistas está completo. El personal ha sido seleccionado para llevar a cabo los detalles del plan. Están siendo entrenados en el edificio de Chicago conocido como "Thirteen Thirteen", en East 60th Street. Está situado en una propiedad de la Universidad de Chicago. Este centro de entrenamiento iluminista está financiado por las mismas fundaciones que financian el Consejo de Relaciones Exteriores en Nueva York. Los Iluministas comprometidos en este proyecto se autodenominan "Los Servicios de Administración Pública". Afirman que su objetivo es mejorar los Gobiernos Cívicos y los Servicios Sociales. En realidad, están formando a agentes seleccionados para ocupar puestos clave en todos los niveles del gobierno cívico.

Los graduados de los Servicios de Administración Pública ya han sido colocados como "Especialistas", "Expertos" y "Asesores" por los Iluminati. La política de quienes dirigen los Servicios de Administración Pública en "Trece Trece" es lograr que los agentes formados bajo sus órdenes sean nombrados Gerentes de Ciudad. Los Gerentes de Ciudad nombran entonces a otros graduados de "Trece Trece" como jefes de los diversos departamentos cívicos. Estos, a su vez, traen a otros formados en "Trece Trece" hasta que tienen el control del gobierno municipal en lo más alto. Fingen que trabajan en aras de la eficiencia. Lo que hacen en realidad es usurpar los poderes del electorado. El condado de Dade, Miami y Chicago ya están controlados por graduados de "Trece Trece". En el caso de Miami, era necesario que este control se estableciera inmediatamente. El sur de Florida es uno de los santuarios de los Iluminati y deben estar en posición de llevar a sus amigos a ese santuario y excluir de él a aquellos para los que no tienen uso si, y cuando, se declare el estado de emergencia. Los iluministas de Chicago y Miami controlan la administración cívica, no el pueblo.

Dentro de los muros de "Trece Trece", los agentes de los Iluminati están siendo entrenados para tomar el control de los gobiernos municipales y los parlamentos estatales, y subyugar a los Goyim (ganado humano) cuando se les ordene. Se les instruye sobre cómo deben primero presentarse a sí mismos como "Los Salvadores del pueblo", enviados para librar a las masas de más persecuciones a manos de los comunistas. Se les enseña cómo sacar a las masas de la opresión comunista y someterlas nuevamente a los Iluminati. Ese, damas y caballeros, es el panorama completo de la situación.

El propósito de este artículo es demostrar que los Illuminati fueron organizados por Weishaupt para dirigir la conspiración luciferina hacia su meta final, y probar que los Illuminati están controlados en su cúspide por la Sinagoga de Satán. Esta, a su vez, está dirigida por un selecto grupo que son, de hecho, los Sumos Sacerdotes del Credo Luciferino, también conocidos como la 'Gran Logia Blanca'. Asimismo, hemos intentado evidenciar que el objetivo oculto de la jerarquía luciferina es impedir que se establezca el plan de

Dios para el gobierno de la creación en la Tierra, obstaculizando así que la voluntad divina se cumpla aquí como en el cielo. Su meta es imponer la ideología luciferina sobre la humanidad y hacer cumplir sus edictos mediante un despotismo satánico, al que eufemísticamente se refieren como "El Nuevo Orden" con fines de engaño.

La ideología luciferina propugna que "El Nuevo Orden" conste de dos clases: gobernantes y esclavos. La clase gobernante estará compuesta por los Sumos Sacerdotes del Credo Luciferino, sus Illuminati y agentes de alto rango, junto con un puñado de millonarios, científicos, economistas y profesionales que hayan demostrado su lealtad a la Causa Luciferina, respaldados por suficientes fuerzas policiales y militares para imponer la obediencia a los Goyim.

El resto de la humanidad será reducida a un nivel común mediante el mestizaje de las diferentes razas. Este proceso se acelerará mediante la inseminación artificial, seleccionando científicamente a las mujeres para ser utilizadas como incubadoras humanas. La tasa de natalidad se controlará estrictamente según las necesidades del estado. Como reza el plan diabólico de los Illuminati: "Una vez que obtengamos el control, el mismo nombre de Dios será borrado del léxico de la vida". En la jerga illuminati, esto implica el uso de psicopolítica científicamente aplicada (lavado de cerebro) para erradicar de las mentes de los esclavos humanos todo conocimiento de Dios Todopoderoso (Adonay). Los Illuminati pretenden convertir en autómatas a todos aquellos para quienes no tengan un uso específico.

Permítanme hacer esta advertencia final: ni las guerras (sean agresivas o preventivas), ni las revoluciones (o contrarrevoluciones), ni la intolerancia racial o religiosa, ni el fanatismo o la persecución proporcionarán una solución a nuestro problema. Solo revelando toda la verdad podremos poner fin a la conspiración luciferina en la Tierra. Si continuamos guardando silencio por temor a los riesgos, la conspiración luciferina avanzará hasta el cataclismo social final, cuando los Goyim se masacren entre sí por decenas de millones con bombas atómicas y gas nervioso, mientras los Illuminati y sus allegados se regodean en el lujo de sus refugios en playas soleadas.

Aquellos que deseen alzarse y ser contados del lado de Dios y contra Lucifer no necesitan armas ni dinero. Todo lo que necesitan está claramente establecido en las Escrituras. Lean Efesios 6:10-17:

"Por lo demás, hermanos míos, fortaleceos en el Señor y en el poder de su fuerza. Vestíos de toda la armadura de Dios, para que podáis estar firmes contra las asechanzas del diablo. Porque no tenemos lucha contra sangre y carne, sino contra principados, contra potestades, contra los gobernadores de las tinieblas de este siglo, contra huestes espirituales de maldad en las regiones celestes. Por tanto, tomad toda la armadura de Dios, para que podáis resistir en el día malo, y habiendo acabado todo, estar firmes. Estad, pues, firmes, ceñidos vuestros lomos con la verdad, y vestidos con la coraza de justicia, y calzados los pies con el apresto del evangelio de la paz. Sobre todo, tomad el escudo de la fe, con que podáis apagar todos los dardos de fuego del maligno. Y tomad el yelmo de la salvación, y la espada del Espíritu, que es la palabra de Dios."

¿Puede haber algo más claro? A los únicos que debemos repudiar es a los de la Sinagoga de Satanás. Son lobos con piel de cordero, aquellos a quienes Cristo desenmascaró y condenó. Si rompemos la conspiración del silencio, si exigimos que nuestros representantes electos dejen de jugar a la política y se dediquen a establecer el plan de Dios para el gobierno de la creación en esta Tierra, entonces Dios intervendrá en favor de quienes demuestren su deseo de ser Sus elegidos.

La decisión está en nuestras manos. Si deseamos sinceramente vivir eternamente según el plan de Dios, la única forma de demostrarlo es trabajar para implementar Su plan en esta Tierra. El plan divino está detallado en las Sagradas Escrituras y no concuerda con la Carta de las Naciones Unidas ni con la ideología propugnada por los globalistas.

Distribuyan copias de este texto a todas las personas que puedan. Es sorprendente los resultados que se obtienen cuando unas pocas copias caen en buenas manos. Si creen en lo que hemos explicado, es su deber transmitir este conocimiento a tantos otros como sea posible. Algunos aceptarán el conocimiento y la verdad; otros la rechazarán. Eso no es asunto suyo. Serán juzgados por el esfuerzo que pongan en la tarea, no por los resultados que obtengan.

No es necesario que se conviertan en una molestia. Usen la paciencia en lugar de la fuerza, la razón en lugar del insulto. Sean amables y considerados en lugar de combativos y agresivos. Hagan que la gente piense y luego dejen que sientan que llegaron a sus propias conclusiones. Aquellos que sirven a los Illuminati dedican cada momento de vigilia a promover su causa. ¿Podemos nosotros, si deseamos ganar nuestra recompensa eterna, hacer menos?

Necesitamos la cooperación del clero de todas las religiones que enseñan la creencia en un Dios que no sea

Lucifer. En particular, requerimos el interés activo de todos los ministros de la religión cristiana. Si logramos persuadirlos para que levanten el velo y rompan la conspiración del silencio, revelando toda la verdad a sus congregaciones, los Illuminati no podrán proceder con su plan de fomentar la Tercera Guerra Mundial y el cataclismo social final.

Los sacerdotes ordenados de Dios asumen una gran responsabilidad al aceptar las Órdenes Sagradas. Independientemente de las consecuencias, tienen el deber y el honor de revelar toda la verdad a los miembros de su rebaño. Si no lo hacen, dejan a sus pupilos como víctimas inocentes de aquellos que buscan la posesión de sus almas inmortales.

Para concluir, planteo esta pregunta a los 400 millones de católicos dispersos por el mundo: si lo que explico en este artículo no es la verdad, ¿por qué rezan la siguiente oración después de cada misa rezada?

"San Miguel Arcángel, defiéndenos en la batalla. Sé nuestro amparo contra la perversidad y asechanzas del demonio. Reprímale Dios, pedimos suplicantes, y tú, Príncipe de la Milicia Celestial, arroja al infierno con el divino poder a Satanás y a los otros espíritus malignos que andan dispersos por el mundo para la perdición de las almas."

O bien lo que les decimos respecto a la conspiración luciferina es la verdad, o las palabras de la oración anterior carecen de sentido. Yo sé quién compuso esta gran oración y por qué lo hizo. Estoy convencido de que Dios está dispuesto a escuchar nuestras plegarias tan pronto como demostremos, mediante la acción, que somos dignos de Su intervención.

FIN

Sobre el Autor

Pluma Arcana, el enigmático autor detrás de "La verdad es un guerrero solitario", es un incansable buscador de la verdad que ha dedicado su vida a desentrañar las conspiraciones ocultas que moldean nuestro mundo. Con una mente aguda y una insaciable curiosidad, Pluma Arcana ha sumergido en las profundidades de la historia, la filosofía y el esoterismo para descubrir los hilos invisibles que conectan eventos aparentemente dispares.

Desde temprana edad, Pluma Arcana sintió una profunda fascinación por los misterios que yacen más allá de la superficie de la realidad convencional. Su búsqueda lo ha llevado a explorar diversas tradiciones espirituales y esotéricas, desde el hermetismo y la gnosis hasta las sociedades secretas y los enigmas arqueológicos. A través de sus estudios, ha desarrollado una comprensión única de las fuerzas ocultas que han dado forma a la civilización humana a lo largo de los siglos.

Convencido de que la historia oficial es una mera fachada que oculta una realidad mucho más siniestra, Pluma Arcana se ha sumergido en archivos secretos, documentos desclasificados y testimonios de informantes para armar el rompecabezas de la gran conspiración. Su investigación lo ha llevado a descubrir la existencia de un gobierno en la sombra, una red global de élites y sociedades secretas que manipulan eventos desde detrás del escenario para avanzar en su agenda de dominación mundial.

Además de su labor como escritor y maestro, Pluma Arcana es un apasionado defensor de la libertad individual y la soberanía energética. Cree firmemente que cada ser humano tiene el potencial de convertirse en su propio alquimista, transmutando el plomo de la ignorancia y el miedo en el oro de la sabiduría y la liberación.

A través de sus obras, , Pluma Arcana busca empoderar a sus lectores, proporcionándoles las herramientas y conocimientos necesarios para enfrentar a los Arcontes y reclamar su libertad innata.

Con su estilo único, que combina erudición, profundidad filosófica y un toque de misterio, Pluma Arcana se ha convertido en una figura influyente en los círculos esotéricos y contraculturales. Su mensaje resuena con aquellos que anhelan despertar del letargo impuesto por la mátrix y embarcarse en un viaje de autodescubrimiento y transformación.

★★★

www.ingramcontent.com/pod-product-compliance
Lightning Source LLC
Chambersburg PA
CBHW072143270326
41931CB00010B/1870